Petra Breitsameter, Immobilienfachwirtin (IMI)

Christian Grolik, Dipl.-Wirtschaftsjurist (FH)

So finden Sie die richtige Hausverwaltung

interna

Ihr persönlicher Experte

So finden Sie die richtige Hausverwaltung

Petra Breitsameter, Immobilienfachwirtin (IMI)
Christian Grolik, Dipl.-Wirtschaftsjurist (FH)

interna

Dieser Ratgeber wird digital produziert. Die laufende Einarbeitung von Änderungen und Ergänzungen garantiert stets optimale Aktualität. Zusatzservice für alle Leser: regelmäßige Redaktionssprechstunde.

VLB-Titelmeldung
interna
So finden Sie die richtige Hausverwaltung
Ein Leitfaden für Wohnungs- und Mietshauseigentümer für die Auswahl des geeigneten Immobilienverwalters

Petra Breitsameter, Immobilienfachwirtin (IMI)
Christian Grolik, Dipl.-Wirtschaftsjurist (FH)

ISBN 978-3934662-96-4

Umschlaggestaltung: workstation GmbH, Bonn
Satz: Design-Format Beu, Niederkassel
Druck: Bonner Druck & Medien GmbH

Verlag interna GmbH
Auguststr. 1, 53229 Bonn
Tel.: 02 28 / 85 44 98 0, Fax: 02 28 / 85 44 98 20
www.interna-aktuell.de
www.interna-express.de
mail@interna-aktuell.de

Printed in Germany

Dieser Ratgeber wird digital produziert. Die laufende Einarbeitung von Änderungen und Ergänzungen garantiert stets optimale Aktualität. Zusatzservice für alle Leser: regelmäßige Redaktionssprechstunde.

Inhalt

1. Vorwort

An eine Hausverwaltung werden täglich Anforderungen unterschiedlichster Art gestellt. Die weit verbreitete Meinung ist, dass ein Hausverwalter gleichzeitig Bauingenieur, Psychologe, Steuerberater sowie Jurist sein könnte. Und doch existiert momentan noch kein geforderter Qualifikationsnachweis für dieses Tätigkeitsfeld.

Hausverwalter kann also im Prinzip jeder durch einfache Anmeldung eines Gewerbes werden. Entsprechend ist die Hausverwaltung vielerorts ein heiß umkämpfter Dienstleistungssektor.

Hausverwalter zu sein bedeutet, eine große Verantwortung gegenüber seinen Kunden, ob nun Wohnungseigentümer oder Eigentümer von Mietshäusern, zu tragen. Immerhin „schluckt" die Immobilienfinanzierung (oder auch die monatliche Mietzahlung) bei vielen Menschen den Löwenanteil des Nettoeinkommens.

Die Tätigkeit einer professionellen Hausverwaltung ist für den Erhalt und die Werthaltigkeit einer Immobilie enorm wichtig. Die meisten Arbeiten einer Hausverwaltung finden im Hintergrund statt und können von Wohnungs- oder Hauseigentümern nur mühsam nachgeprüft werden. Aus diesem Grund ist es für viele Immobilieneigentümer so schwierig, Einblick in die Arbeit eines Hausverwalters zu nehmen.

Wenn das Gebäude in Ordnung ist, also über keinen nennenswerten Reparaturstau verfügt, und darüber hinaus das „Finanzielle", die Erstellung von Abrechnungen in Verbund mit der jährlichen Eigentümerversammlung stimmt, gibt es kaum Anlass für eine Verwalterneubestellung, bzw. einen Verwalterwechsel.

Oft ist dies jedoch nicht der Fall. Als Wohnungs- oder Hauseigentümer, der mit dieser Materie nicht näher vertraut ist, gestaltet sich die Suche nach einem geeigneten Verwaltungsunternehmen oft sehr mühsam, auch da vielen interessierten Wohnungseigentümern die entsprechenden Vergleichsmöglichkeiten fehlen.

In nahezu jeder Region existieren etliche Hausverwaltungsunternehmen, die sehr unterschiedlich organisiert sind. Da gibt es Einzelfirmen, deren Inhaber vielfach die gesamte Arbeit alleine erledigen, Kapitalgesellschaften mit mehreren Mitarbeitern etc. Wie also können Wohnungs- oder Hauseigentümer die richtige Wahl für ihr Objekt treffen? Nicht immer ist das preislich günstigste Angebot auch die beste Wahl.

Der vorliegende Ratgeber informiert fundiert über das gesetzliche und branchenübliche Tätigkeitsfeld eines Verwaltungsunternehmens, auf welche Kriterien bei der Suche Wert gelegt werden sollte, stellt entsprechende Checklisten zur Verfügung und gibt Tipps zur Vertragsgestaltung und den Kontrollmöglichkeiten nach der erfolgten Verwalterwahl. Hier steht stets die Werterhaltung der Immobilie auf vernünftiger Basis im Vordergrund.

Diese Hinweise sollen als Leitfaden verstanden werden und sind selbstverständlich für den Leser nicht verbindlich; sie resultieren aus der beruflichen Praxis der Autoren heraus. Ebenso erhebt dieser Ratgeber keinen Anspruch auf Vollständigkeit, da auch dieser Berufszweig ständigen Neuerungen und Anpassungen gerecht werden muss.

Um eine möglichst objektive Sichtweise darzustellen, haben die Verfasser zahlreiche Personen aus dem Kreise der Wohnungseigentümer gebeten, verschiedene Fragen zu beantworten und zu gewichten. Unser Dank geht an alle, die so bei der Entstehung dieses Buches mitgewirkt haben. Wir wünschen Ihnen bei der Suche nach dem geeigneten Hausverwalter für Ihr Objekt viel Erfolg sowie eine langjährige und gute Zusammenarbeit mit dem ausgewählten Unternehmen!

Diese Zweitauflage wurde nach dem neuen Wohnungseigentumsgesetz komplett überarbeitet.

1. 2 Handhabung dieses Ratgebers

Selbstverständlich stellen nicht alle Menschen die gleichen Anforderungen an eine Hausverwaltung; dies liegt unter anderem an den sehr unterschiedlichen Strukturen der Wohnungseigentümergemeinschaften oder Mietshäusern als auch an der Individualität der Menschen.

Die in diesem Ratgeber vorgestellten Checklisten sollen nicht nur dazu dienen, das Vorhandensein gewisser Merkmale zu dokumentieren, sondern auch die Gewichtung der jeweiligen Kriterien für die individuellen Vorgaben der Leser herauszustellen.

Dies geht ganz einfach: Legen Sie für jedes Verwaltungsunternehmen separate Listen an. Kreuzen Sie zunächst an oder markieren Sie mit „ja“ oder „nein“, ob die jeweiligen Kriterien erfüllt oder nicht erfüllt werden. Anschließend gewichten Sie die erfüllten Punkte nach den Vorgaben Ihrer Wohnungseigentümergemeinschaft oder Ihres Mietshauses, indem Sie pro Position bis zu drei Punkte vergeben, wobei ein Punkt für „weniger wichtig“ und drei Punkte für „sehr wichtig“ stehen. Bietet eine Hausverwaltung einen für Sie wichtigen Punkt nicht an, vergeben Sie null Punkte oder bei einem äußerst wichtigem Kriterium entsprechend Minuspunkte.

Sollten Sie noch weitere für Sie ganz individuell wichtige Kriterien haben, ergänzen Sie bitte die bereitgestellten Listen um diese Punkte und arbeiten diese so mit ein.

Unternehmen: Musterverwaltung-GmbH		
	ja/nein	*Gewichtung*
Interesse an der Verwaltung	JA	2
Hauptberuflicher Verwalter	JA	3
Verwaltung von Wohnanlagen in der Region	NEIN	-1
Stufe 1: Ergebnis für dieses Unternehmen		4

Wenn Sie dann die Punkte der einzelnen Bewerber zusammenzählen, finden Sie so rasch die Unternehmen heraus, die für die Verwaltung Ihrer Wohnanlage am besten geeignet erscheinen.

Bevor Sie jedoch mit der Suche nach einer neuen Hausverwaltung beginnen, sollten Sie bitte zunächst akribisch überprüfen, wie ein eventuell amtierender Hausverwalter abberufen werden kann. Entsprechende Hinweise erhalten Sie in Kapitel 3 dieses Buches.

Wenn Sie als Bauträger einer Wohnanlage einen Hausverwalter suchen, kann die gründliche Auswahl des geeigneten Unternehmens gerade in ländlichen Gegenden auch ein Verkaufsargument für Ihre Wohnungen sein. Dies trifft vor allem bei erfahrenen Immobilienkunden zu, die bereits mehrere Eigentumswohnungen besitzen und Erfahrungen mit diversen Unternehmen gesammelt haben. Wählen Sie eine reelle Hausverwaltung, haben Sie in jedem Fall Pluspunkte, auch was die Abwicklung der Baumängelverfolgung betrifft.

Der Begriff „Hausverwalter" wird in diesem Buch geschlechtsneutral verwendet und schließt selbstverständlich weibliche Hausverwalter ein.

1.3 Unterschiede bei der Verwaltersuche als Wohnungs- oder Mietshauseigentümer

Als Eigentümer eines Mietshauses benötigen Sie selbstverständlich nicht zwingend eine Hausverwaltung und können auf Grund Ihres Status´ als Alleineigentümer nahezu alle Entscheidungen selbst treffen. Dies gilt selbstverständlich auch für die Verwalterwahl, weshalb die in diesem Buch geschilderte Verwalterwahl im Rahmen einer Eigentümerversammlung normalerweise nicht zutrifft; es sei denn, bei Ihrem Mietshaus handelt es sich beispielsweise um eine Erbengemeinschaft oder ein sonstiges gemeinschaftliches Projekt.

Im Anschluss an die jeweiligen Kapitel für Wohnungseigentümer finden Sie in diesem Ratgeber die für Mietshauseigentümer relevanten Fragen falls erforderlich in separaten Unterkapiteln, die Sie dann Ihren eigenen Vorgaben entsprechend zur Verwalterwahl hinzuziehen können.

Während es für die Verwaltung von Wohnungseigentum einen gesetzlich definierten Tätigkeitsbereich gibt – wenn dieser auch nicht vollständig ist –, ist dies bei Mietverwaltungen nicht der Fall. Hier hängt es davon ab, in welchem Rahmen Sie sich mit der Verwaltungsarbeit entlasten möchten und ob die jeweiligen Verwaltungsunternehmen für die Mietverwaltung auch den von Ihnen eventuell gewünschten Teilservice anbieten, z. B. lediglich die Erstellung der Jahresabrechnung, Abwicklung der Mahnverfahren, Mietersuche, Anfertigen der Mietverträge etc.

Hier gibt es große Unterschiede bei den Gebührenmodellen. Fragen Sie deshalb immer nach, ob der Verwalter für seine Leistungen einen Prozentsatz der Brutto- oder Nettojahresmiete oder eine Gebührenpauschale verlangt.

Als Mietshauseigentümer betreffen Sie nicht alle Kapitel dieses Ratgebers, da Mietshäuser nicht derartig komplexen Vorgaben wie Wohnungseigentümergemeinschaften unterliegen.

1.4 Zeitplan für die Verwaltersuche

Der nötige Zeitaufwand für die Verwaltersuche hängt von folgenden Faktoren ab:

- persönliche Freizeit
- Anzahl der infrage kommenden Unternehmen
- Erreichbarkeit der Referenzkunden und Entfernung der Referenzwohnanlagen

Bitte kalkulieren Sie den Zeitaufwand für die Verwaltersuche je nach Ihrer persönlichen Freizeit wie folgt:

Stufe 1 (Angebote einholen)	ca. 1-2 Wochen
Stufe 2 (Angebote auswerten)	ca. 1-2 Wochen
Stufe 3 (Besprechungstermine)	ca. 2-3 Wochen, je nach Anzahl der Unternehmen
Stufe 4 (Referenzen prüfen)	ca. 1-2 Wochen
Stufe 5 (Vorbereitung und Entscheidung)	ca. 1 Woche

Unser Tipp für Wohnungseigentümer: Sie sollten spätestens ca. sechs Wochen vor der Eigentümerversammlung, in deren Rahmen die Entscheidung getroffen werden soll, mit der Suche beginnen. Oft wird Ihnen der Versammlungstermin eine so lange Zeit im Voraus nicht bekannt sein. Orientieren Sie sich in einem solchen Fall am besten an den Terminen der Vorjahre. Wenn Ihre Eigentümerversammlung bisher immer im Zeitraum April, Mai, Juni stattfand, sollten Sie Anfang bis Mitte April die aussichtsreichsten Kandidaten bestimmt haben. Es empfiehlt sich generell, die Aufgaben der Verwaltersuche auf mehrere Personen aufzuteilen und den Verwaltungsbeirat um Mithilfe zu bitten, sofern Sie diesem nicht angehören.

2. Das sollten Sie wissen

Wenn Sie sich als Wohnungseigentümer bisher noch nicht sehr intensiv mit dem Aufgabenbereich eines Hausverwalters und der Struktur einer Wohnungseigentümergemeinschaft auseinandergesetzt haben, wird Ihnen das folgende Kapitel von Nutzen sein. Es beinhaltet eine Einführung in die rechtliche Seite, damit Sie den Sinn der hier beschriebenen Vorgehensweise für die Suche eines neuen Hausverwalters sowie die Relevanz einiger Fragen und der Zeitpunkte nachvollziehen können. Die Erläuterungen zu Spezialbegriffen finden Sie im Glossar am Ende des Buches.

2.1 Was genau ist eigentlich eine Hausverwaltung?

Auch wenn Sie bei dieser Überschrift vielleicht ins Schmunzeln geraten: Es ist wirklich vielen Menschen – auch aus dem Kreise der Wohnungseigentümer – nicht bekannt, welche Funktionen eine Hausverwaltung hat und wozu eine Verwaltung überhaupt da ist. Oftmals werden Hausverwaltungen auch mit Hausmeistern, den technischen Betreuern der Anwesen, verwechselt.

Daher möchten wir zum Einstieg nur kurz in groben Zügen darauf hinweisen: Eine Hausverwaltung erstellt unter anderem Ihre Jahresabrechnung und den Wirtschaftsplan, führt die Eigentümerversammlungen durch, organisiert die Instandhaltung der Wohnanlage und legt die Instandhaltungsrücklage an.

Die Hausverwaltung stellt beispielsweise einen Hausmeister an oder organisiert ein selbständiges Hausmeisterunternehmen zur Pflege der Außenanlagen der Wohnanlage und kümmert sich um sämtliche Handwerkerarbeiten und Wartungsverträge rund um das Gebäude. Kurz: Bei der Hausverwaltung liegt die Verantwortung für Ihre Immobilie.

Ihre monatliche Wohngeldzahlung richten Sie an die Hausverwaltung – dieses Wohngeld, welches auch Hausgeld genannt wird, ist aber nicht die Verwaltergebühr. Diese ist nur ein kleiner Teil dieses Betrags, der Rest dient ausschließlich der Bewirtschaftung des Gebäudes, beispielsweise der Bezahlung von Gas oder Öl, Wasser, Strom, Müll sowie Ansammlung einer Instandhaltungsrücklage.

2.2 Die Unterschiede zwischen Wohnungseigentums- und Mietverwaltung

Der Hauptunterschied besteht darin, dass ein Verwaltungsunternehmen als Wohnungseigentumsverwaltung lediglich für das Gemeinschaftseigentum zuständig ist, also für die Gebäudeteile, die allen Eigentümern gemeinsam gehören. Weitere Informationen hierzu können Sie auch Kapitel 2.3 und 2.5 entnehmen. Das Bewirtschaftungsgeld als auch die Instandhaltungsrücklage von Wohnungseigentümergemeinschaften zählen zum Gemeinschaftseigentum und werden deshalb auch vom Hausverwalter mit dem Haus- oder Wohngeld eingeholt und angelegt.

Generell nicht zuständig ist ein Verwalter einer Wohnungseigentümergemeinschaft, wenn das Sondereigentum betroffen ist, beispielsweise für das Entlüften der Heizkörper in einer Wohnung oder die Reparatur nicht funktionierender WC-Spülungen.

Bei Mietshäusern ist die Hausverwaltung ganz generell für sämtliche Anliegen rund um das gesamte Gebäude zuständig. Hier gibt es die Unterscheidung nach Sonder- und Gemeinschaftseigentum nicht – der Eingang der Mieten wird überwacht; außerdem fungieren hier die Verwalter auch als Ansprechpartner bei Problemen und Reparaturen in der Wohnung. Das Verwalterentgelt unterliegt in solchen Fällen anderen Berechnungsschlüsseln als das für die Verwaltung von Wohnungseigentümergemeinschaften.

2.3 Die Eigentumswohnung

Dem Mangel an Wohnraum in der Nachkriegszeit wurde unter anderem durch den Bau von Mehrfamilienhäusern begegnet, die durch Aufteilung in Eigentumswohnungen immer mehreren Personen gemeinsam gehören. Der Gesetzgeber hat durch das Wohnungseigentumsgesetz die rechtlichen Voraussetzungen für den Erwerb von Wohnungseigentum geschaffen.

Da die Eigentumswohnung auch heute noch eine sehr gute Möglichkeit darstellt, auch in kleinerem Rahmen Immobilieneigentum zu erwerben, sind die Wohnungseigentümergemeinschaften in ganz Deutschland, besonders aber in Städten und anderen Ballungsgebieten, verbreitet. Die Eigentumswohnung ist sowohl bei Eigennutzern als auch bei Kapitalanlegern gleichermaßen beliebt. Da die meisten laufenden Unterhaltungskosten des Hauses (beispielsweise Gartenpflege, Hausmeisterkosten etc.) von der gesamten Gemeinschaft getragen werden, sind die Lasten auf alle Schultern zu verteilen, so dass der Unterhalt einer Eigentumswohnung – bei sinnvoller Verwaltung – vergleichsweise günstig ist.

Die gesetzliche Definition des Wohnungseigentums lautet nach § 1 Abs. 2 WEG: „Wohnungseigentum ist das Sondereigentum an einer Wohnung in Verbindung mit dem Miteigentumsanteil an dem gemeinschaftlichen Eigentum, zu dem es gehört." Dies bedeutet im Klartext, dass Sie mit dem Kauf einer Eigentumswohnung auch immer gewisse Anteile am gemeinschaftlichen Eigentum erwerben und somit in der Verpflichtung stehen, dieses mit zu unterhalten. Ihr Sondereigentum kann faktisch nicht vom Gemeinschaftseigentum getrennt werden.

Dem Sondereigentum, also Ihren vier Wänden, stellt der § 1 Abs. 5 WEG das gemeinschaftliche Eigentum am Grundstück sowie an den Teilen, Anlagen und Einrichtungen des Gebäudes gegenüber, die nicht im Sondereigentum oder im Eigentum eines Dritten stehen.

2.4 Die rechtliche Struktur einer Wohnungseigentümergemeinschaft

Die rechtliche Grundlage einer jeden Wohnungseigentümergemeinschaft in Deutschland basiert auf drei Säulen:

- Das Wohnungseigentumsgesetz (WEG)
- Die individuelle Teilungserklärung der Wohnanlage und die Gemeinschaftsordnung
- Die individuellen Eigentümerbeschlüsse der Wohnanlage, gemäß den Versammlungsprotokollen der Eigentümergemeinschaft

Grundsätzlich geht hier das Gesetz der Teilungserklärung und diese den Eigentümerbeschlüssen vor. So weit, so gut. Das Gesetz geht der Teilungserklärung und den Eigentümerbeschlüssen jedoch nur dann vor, wenn die den jeweiligen Sachverhalt betreffenden im Gesetz aufgeführten Paragrafen kein zwingendes Recht, sondern das so genannte dispositive (variable) Recht wiedergeben.

Und dies stellt für rechtlich ungeschulte Personen bereits die erste Hürde dar: Im Wohnungseigentumsgesetz ist leider nicht klar ersichtlich aufgeführt, wann es sich um zwingendes Recht handelt und wann nicht. Eine Aufstellung am Ende dieses Buches hilft Ihnen hier weiter. Gehört ein Paragraf zum zwingenden Recht, kann dieses weder durch eine Vereinbarung in der Teilungserklärung noch durch einen entsprechenden Eigentümerbeschluss „passend gemacht" werden.

Ein Paradebeispiel für zwingendes, also unabdingbares, Recht ist der § 20 Abs. 2 WEG: „Die Bestellung eines Verwalters kann nicht ausgeschlossen werden". Dies besagt, dass eine Verwaltung für eine Wohnungseigentümergemeinschaft zwar nicht zwingend erforderlich ist, aber dass die Bestellung eines Verwalters nicht verhindert werden kann.

Dies bedeutet: Wenn Sie als einziger Miteigentümer gerne eine professionelle Hausverwaltung hätten, können Sie darauf bestehen und Ihren Anspruch gegenüber den anderen Wohnungseigentümern durchsetzen. Sollte sich der Teilungserklärung ein Passus finden, nach dem für diese Wohnanlage kein Verwalter bestellt werden kann oder ein entsprechender Eigentümerbeschluss existieren, sind diese wirkungslos – die Eigentümergemeinschaft hat also in diesem Punkt keine Beschlusskompetenz.

Die in der Teilungserklärung und Gemeinschaftsordnung festgehaltenen Vereinbarungen sind, sofern Sie nicht das zwingende Recht ändern wollen, für alle Wohnungseigentümer bindend. Dies gilt auch dann, wenn Ihnen die Teilungserklärung erst nach dem Kauf Ihrer Eigentumswohnung ausgehändigt wurde, was leider allzu oft der Fall ist. Mit dem Kauf einer Eigentumswohnung akzeptiert der Käufer automatisch auch die zugehörige Teilungserklärung und die Gemeinschaftsordnung.

Jede Wohnungseigentümergemeinschaft kann einzelne Positionen in der Teilungserklärung ändern; dies ist ein teures und aufwändiges Verfahren. Ausnahmen gelten mit der neuen Gesetzgebung lediglich für die Vereinbarungen über die generelle Kostenverteilung (auch Kostenverteilung bei Instandsetzung, Modernisierung und baulicher Veränderung), bauliche Veränderungen sowie Aufhebung eventueller Veräußerungsbeschränkungen.

Ansonsten gilt: Die Voraussetzung für eine Änderung der Teilungserklärung oder Gemeinschaftsordnung ist zunächst ein allstimmiger Eigentümerbeschluss, also ein Beschluss, dem alle Eigentümer – auch die nicht anwesenden oder durch Vollmacht vertretenen Eigentümer bei der Eigentümerversammlung – zugestimmt haben. Liegt dieser Beschluss vor, muss die Teilungserklärung notariell geändert werden, was wieder die Unterschrift aller Wohnungseigentümer voraussetzt – alle Eigentümer müssen zum Notar gehen!

In der Praxis werden Teilungserklärungen und Gemeinschaftsordnungen deshalb nur selten geändert.

Beschlussfassungen, die ihre Gültigkeit durch den Ablauf der Einspruchsfrist von vier Wochen erlangen, werden „Zitterbeschlüsse" genannt. Am 20.09.2000 traf der Bundesgerichtshof jedoch die berühmt – berüchtigte Grundsatzentscheidung, nach der derartige Zitterbeschlüsse nichtig sind, da die Wohnungseigentümergemeinschaften in diesen Dingen grundsätzlich keine Beschlusskompetenz haben. Übrigens betrifft dieses Urteil auch die vor dem 20.09.2000 gefassten Zitterbeschlüsse. Die zum Juli 2007 in Kraft getretene Gesetzesreform verschafft den Eigentümergemeinschaften grundsätzlich wieder erweiterte Beschlusskompetenzen.

Mit der Reform des Wohnungseigentumsgesetzes ab 01.07.2007 hat der Gesetzgeber entsprechend reagiert und den Eigentümergemeinschaften erweiterte Beschlusskompetenzen zugebilligt.

War es vorher beispielsweise in der Regel nicht durch Beschlussfassung möglich, einen in der Teilungserklärung festgeschriebenen Heizkostenverteilerschlüssel (= die Aufteilung der Heizungs- und meist auch Warmwasserkosten) und andere festgesetzte Kostenverteilerschlüssel durch Beschlussfassung zu ändern, ist dies nun per Mehrheitsbeschluss möglich. Allerdings hat der Gesetzgeber keine generelle Öffnungsklausel zur Beschlusskompetenz verabschiedet.

Ein Hausverwalter muss also nicht nur auf das Gesetz, die Teilungserklärung und die Eigentümerbeschlüsse achten, sondern muss bei seiner Arbeit auch die jeweils aktuelle Rechtssprechung berücksichtigen, die sich teilweise sogar mit dem Gesetz überschneidet. Keine leichte Aufgabe!

Das Wohnungseigentumsgesetz (WEG)
Das Wohnungseigentumsgesetz stellt die rechtliche Grundlage für das Wohnungseigentum dar. In Rechtsfragen, welche im WEG nicht geregelt sind, hilft grundsätzlich das BGB weiter.

Dingliche Änderungen des Wohnungseigentums, Ausnahmen bilden die in § 5 Abs. 4 Satz 3 WEG genannten Punkte, bedürfen der Einigung aller Wohnungseigentümer und der Eintragung in das Grundbuch sowie der Zustimmung auch der sonstigen dinglichen Berechtigten, z. B. Grundpfandgläubiger (Kreditgeber) etc. Dies bedeutet, dass gegebenenfalls die das Immobilieneigentum finanzierende Bank (Grundpfandgläubiger) ebenfalls beim Notar eine Unterschrift leisten muss, wenn sich die Miteigentumsanteile und damit der Kostenanteil oder Sondernutzungsrechte der jeweiligen Einheit ändern.

Das Wohnungseigentumsgesetz umfasst derzeit 64 Paragraphen, davon relevant sind für Wohnungseigentümer und Hausverwaltungen hauptsächlich die §§ 1-29. Das Wohnungseigentumsgesetz wurde am 15. März 1951 verabschiedet und am 01.07.2007 novelliert. So sind die Hausverwaltungen nun z. B. zur Führung einer Beschlusssammlung verpflichtet und die Haftung im Innenverhältnis unter den Wohnungseigentümern wurde reformiert.

Die Teilungserklärung und die Gemeinschaftsordnung
Eine Wohnungseigentümergemeinschaft wird durch eine notarielle Teilungserklärung begründet. Der Inhalt ist nur teilweise gesetzlich definiert und somit sind die Teilungserklärungen jeweils unterschiedlich umfangreich, was auch immer etwas von der Größe und Struktur der jeweiligen Wohnungseigentümergemeinschaft abhängt. Hier sind die Sichtweisen der jeweiligen Bauherren und Notare, die eine Teilungserklärung in der Regel in Zusammenarbeit erstellen, aber unterschiedlich. Zu berücksichtigen sind auch jeweils individuelle Gesichtspunkte, so dass es nur wenige Wohnungseigentümergemeinschaften und auch Teilungserklärungen gibt, die identisch sind.

Der in der Teilungserklärung für jede Einheit ausgewiesene Miteigentumsanteil orientiert sich meistens an der Wohnungsgröße. Meistens wird er in Bruchteilen von Tausend angegeben (z. B. 124,50 von 1000) und weist so den Anteil an den Kosten des gemeinschaftlichen Eigentums aus. Eine Teilungserklärung wird meist entweder vor oder direkt nach Baubeginn erstellt; aber auch nachträglich können geeignete Immobilien noch zu Wohnungseigentum aufgeteilt werden. Dies empfiehlt sich insbesondere immer dann, wenn eine Immobilie stückweise verkauft werden soll, um Kapital freizusetzen. Damit eine Teilungserklärung erstellt werden kann, ist ein Aufteilungsplan sowie eine Abgeschlossenheitsbescheinigung Voraussetzung. Der Aufteilungsplan ist ein Bestandteil der Teilungserklärung.

Die Teilungserklärung dient neben dem Wohnungseigentumsgesetz als Grundlage für die Wohnungseigentümergemeinschaft.

Wenn Sie sich eine Teilungserklärung ansehen, wird Ihnen auffallen, dass zunächst einmal das gesamte Grundstück mit Flurnummer und Größe beschrieben wird. Die verschiedenen in Wohnungseigentum aufgeteilten Hausteile (Eigentumswohnungen) werden in Lage, Größe sowie Miteigentumsanteilen definiert. Dieser Teil nennt sich Teilungserklärung. Blättern Sie noch etwas weiter, finden Sie zahlreiche Erläuterungen zur Durchführung von Eigentümerversammlungen, z. B. die vom Verwalter einzuhaltende Einladungsfrist, Vorgaben zum Vertretungsrecht etc. Dieser Teil kann schon zur Gemeinschaftsordnung gehören.

Der Unterschied zwischen Gemeinschaftsordnung und Hausordnung

Bitte verwechseln Sie nicht die Gemeinschaftsordnung aus der Teilungserklärung mit der Hausordnung der Wohnungseigentümergemeinschaft.

Die Gemeinschaftsordnung ist ein wichtiger Bestandteil der Wohnungseigentümergemeinschaft und regelt das Verhältnis der Wohnungseigentümer untereinander, beispielsweise ob in einer Wohnung grundsätzlich auch ein Gewerbe ausgeübt werden darf oder nicht. Änderungen der Gemeinschaftsordnung können, ausgenommen auf Grundlage von Öffnungsklauseln, nur innerhalb der gesetzlich vorgeschriebenen engen Grenzen mittels vorangegangenem allstimmigen oder doppelt qualifizierten Mehrheitsbeschluss geändert werden. Die Gemeinschaftsordnung betrifft den Mieter nicht direkt. Die Hausordnung ist die Verhaltensregel für alle Hausbewohner, also Eigentümer und Mieter. Sie enthält z. B. die einzuhaltenden Ruhezeiten, evtl. Rauchverbot im Treppenhaus etc. und kann jederzeit durch einfachen Mehrheitsbeschluss der Eigentümer geändert werden.

Die Eigentümerbeschlüsse

Außer der Teilungserklärung und der Gemeinschaftsordnung regeln die Eigentümerbeschlüsse, wie sie im Rahmen von Eigentümerversammlungen gefasst werden, nach den individuellen Gegebenheiten der Häuser und ihrer Bewohner weitere Punkte. Ein Beschluss entsteht grundsätzlich aus einer Abstimmung der Wohnungseigentümerversammlung heraus.

Zu unterscheiden sind die wichtigsten Beschlussarten:

Der einfache Mehrheitsbeschluss

Bei einem einfachen Mehrheitsbeschluss müssen mehr als die Hälfte der abgegebenen Stimmen einem Antrag zugestimmt haben. Stimmenthaltungen werden nicht mitgezählt. Deshalb kommt ein Beschluss mit einfacher Mehrheit immer dann zustande, wenn die Zahl der Jastimmen die der Neinstimmen überwiegt. Bei Stimmengleichheit kommt kein Beschluss zustande. Ob nach Köpfen oder nach Miteigentumsanteilen abgestimmt wird, kann der jeweiligen Teilungserklärung entnommen werden.

In der Praxis kommt dem einfachen Mehrheitsbeschluss die wohl größte Bedeutung zu, da die meisten Beschlussfassungen auf diese Art geregelt werden können. Klassische Beispiele sind die Verlängerung des Verwaltervertrags, die Verwalterneubestellung sowie die Genehmigung des von der Hausverwaltung vorgelegten Wirtschaftsplans oder die Durchführung von Handwerkerarbeiten, sofern es sich hier um keine bauliche Veränderung, sondern um eine Maßnahme der Instandhaltung oder Instandsetzung handelt.

Der doppelt qualifizierte Mehrheitsbeschluss

Ein Beschluss mit doppelt qualifizierter Mehrheit erfordert eine Mindestanzahl der abgegebenen Ja-Stimmen. Das WEG schreibt den doppelt qualifizierten Mehrheitsbeschluss bei der Beschlussfassung über eine von gesetzlichen oder vereinbarten Kostenverteilerschlüssel abweichende Verteilung der Kosten, bei Maßnahmen der Instandhaltung, Instandsetzung oder Modernisierung und baulichen Veränderungen vor (§ 16 Abs. 4 Satz 2 und § 22 Abs. 2 WEG).

Erforderlich zur Erlangung eines doppelt qualifizierten Mehrheitsbeschlusses ist zum einen die Mehrheit von drei Viertel aller stimmberechtigten Wohnungseigentümer („Kopfprinzip" – die drei Viertel müssen von allen Eigentümern gezählt werden, auch wenn diese nicht bei der Versammlung anwesend oder durch Vollmacht vertreten sind) und zum anderen mehr als die Hälfte aller Miteigentumsanteile.

Eine Beschlussfassung zu einem der o. g. Punkte setzt also voraus, dass ausreichend Stimmanteile bei der Eigentümerversammlung anwesend sind. Ist dies nicht der Fall, ist Umlaufbeschluss eine Alternative, der allerdings Allstimmigkeit voraussetzt, siehe die folgenden Abschnitte. Ist in der Teilungserklärung / Gemeinschaftsordnung eine einfachere Öffnungsklausel enthalten, zum Beispiel die Möglichkeit von Beschlussfassungen mittels zwei Dritteln aller anwesenden Eigentümer, so hat diese Vorrang vor der neuen gesetzlichen Regelung.

Der qualifizierte Mehrheitsbeschluss

Das WEG schreibt nur noch bei der Entziehung des Wohnungseigentums (§ 18 Abs. 3 WEG) einen einfachen qualifizierten Mehrheitsbeschluss vor. In diesem Fall müssen mehr als die Hälfte der stimmberechtigten

Wohnungseigentümer für die Entziehung des Wohnungseigentums stimmen.

Der allstimmige Beschluss

Bitte verwechseln Sie den allstimmigen Eigentümerbeschluss nicht mit dem einstimmigen Beschluss, da sich dieser lediglich auf die während der Versammlung anwesenden oder vertretenen Miteigentumsanteile bezieht und diesem keine rechtliche Bedeutung zukommt. Für einen allstimmigen Beschluss müssen alle im Grundbuch eingetragenen Wohnungseigentümer, ob nun bei einer Versammlung anwesend oder durch Vollmacht vertreten oder nicht, zustimmen. Das Wohnungseigentumsgesetz erfordert diese Allstimmigkeit u. a. nach § 23 Abs. 3 WEG im schriftlichen Umlaufverfahren, welches auch Umlaufbeschluss genannt wird, siehe nächster Abschnitt.

Allstimmige Eigentümerbeschlüsse können meistens nicht im Rahmen von Eigentümerversammlungen erwirkt werden, da dort in der Regel nicht alle stimmberechtigten Teileigentümer anwesend oder durch Vollmacht vertreten sind. Daher wird bei Beschlüssen dieser Art häufig das schriftliche Umlaufverfahren zur Anwendung gebracht.

Das schriftliche Umlaufverfahren (Umlaufbeschluss)

Eine Wohnungseigentümergemeinschaft kann auch ohne Eigentümerversammlung Beschlüsse fassen: Der § 23 Abs. 3 WEG ermöglicht auch eine Beschlussfassung per schriftlichem Umlaufverfahren, welches in der Praxis auch oft Umlaufbeschluss genannt wird. Dies bedeutet, dass der Verwalter alle Eigentümer unter Beifügung aller erforderlichen Unterlagen anschreibt und um Abstimmung zum entsprechenden Antrag bittet. Damit der Beschluss zustande kommen kann, müssen alle Eigentümer in schriftlicher Form zustimmen.

Beschlüsse per schriftlichem Umlaufverfahren müssen ohne Rücksicht auf die zu beschließende Maßnahme stets allstimmig erfolgen, es müssen also sämtliche im Grundbuch eingetragenen Wohnungseigentümer zustimmen. Stimmt nur ein Eigentümer gegen diese

Maßnahme oder gibt nur einer seine Zustimmung nicht oder nicht in schriftlicher Form, gilt der Antrag als abgelehnt. Wie ein solches schriftliches Umlaufverfahren für die jeweilige Eigentümergemeinschaft gestaltet werden soll – gerade im Hinblick auf Antwortfristen – kann in der jeweiligen Teilungserklärung geregelt sein.

2.5 Die Unterscheidung von Sonder- und Gemeinschaftseigentum sowie Sondernutzungsrecht

Was zum Sonder- und was zum Gemeinschaftseigentum gehört, ist ein heikles Thema, auf dem oft die Aufteilung spezieller Kosten basiert.

Das Gesetz regelt die Aufteilung von Sonder- und Gemeinschaftseigentum unter § 5 WEG: „Gegenstand und Inhalt des Sondereigentums.

(1) Gegenstand des Sondereigentums sind die gemäß § 3 Abs. 1 bestimmten Räume sowie die zu diesen Räumen gehörenden Bestandteile des Gebäudes, die verändert, beseitigt oder eingefügt werden können, ohne dass dadurch das gemeinschaftliche Eigentum oder ein auf Sondereigentum beruhendes Recht eines anderen Wohnungseigentümers über das nach § 14 zulässige Maß hinaus beeinträchtigt oder die äußere Gestaltung des Gebäudes verändert wird.

(2) Teile des Gebäudes, die für dessen Bestand oder Sicherheit erforderlich sind, sowie Anlagen und Einrichtungen, die dem gemeinschaftlichen Gebrauch der Wohnungseigentümer dienen, sind nicht Gegenstand des Sondereigentums, selbst wenn sie sich im Bereich der im Sondereigentum stehenden Räume befinden.

(3) Die Wohnungseigentümer können vereinbaren, dass Bestandteile des Gebäudes, die Gegenstand des Sondereigentums sein können, zum gemeinschaftlichen Eigentum gehören.

(4) Vereinbarungen über das Verhältnis der Wohnungseigentümer untereinander können nach den Vorschriften des 2. und 3. Abschnittes zum Inhalt des Sondereigentums gemacht werden. Ist das Wohnungseigentum mit der Hypothek, Grund- oder Rentenschuld oder der Reallast eines Dritten belastet, so ist dessen nach anderen Rechtsvorschriften notwendige Zustimmung zu der Vereinbarung nur erforderlich, wenn ein Sondernutzungsrecht begründet oder ein mit dem Wohnungseigentum verbundenes Sondernutzungsrecht aufgehoben, verändert oder übertragen wird. Bei der Begründung eines Sondernutzungsrechts ist die Zustimmung des Dritten nicht erforderlich, wenn durch die Vereinbarung gleichzeitig das zu seinen Gunsten belastete Wohnungseigentum mit einem Sondernutzungsrecht verbunden wird.

Um das Sonder- und Gemeinschaftseigentum abgrenzen zu können ist eine Einsicht in die jeweilige Teilungserklärung der Wohnanlage nötig. Sondereigentum sind sicherlich zunächst einmal Ihre „vier Wände" innerhalb der Wohnung. Davon ausgenommen sind tragende Mauern innerhalb der Wohnung, die selbstverständlich aus statischen Gründen nicht entfernt oder durchgebrochen werden dürfen.

Wie es sich bei den Fenstern verhält, regelt normalerweise die Teilungserklärung. Immerhin ist ein Fenster grundsätzlich von außen Gemeinschaftseigentum und von innen Sondereigentum, was in der Praxis bedeutet, dass der Außenanstrich des Fensters sich an die Umgebung angleichen muss, Sie aber den Innenanstrich frei nach Geschmack gestalten können. Doch wer trägt die Kosten, wenn ein solches Fenster erneuert werden muss? Ob nun der Wohnungseigentümer selbst oder die Wohnungseigentümergemeinschaft zahlen muss oder ob eine prozentuale Kostenregelung vereinbart ist, können Sie in der Regel der Teilungserklärung entnehmen. Ist dort nichts dazu zu finden, können die Wohnungseigentümer dies per Beschlussfassung selbst regeln.

Ebenso verhält es sich mit den Wohnungseingangstüren, Rollläden und Balkonen. Grundsätzlich ist zu empfehlen, immer mit dem

Verwalter Rücksprache zu halten, wenn derartige Gebäudeteile von einer Maßnahme betroffen sind.

Immer im Gemeinschaftseigentum stehen die gemeinschaftlichen technischen Anlagen der Wohnanlage, wie Heizung, Tiefgaragenlüftung und das Tiefgaragentor. Dies ist auch dann der Fall, wenn beispielsweise der Heizraum nur von einem bestimmten Sondereigentum aus zugänglich ist.

2.6 Der gesetzlich definierte Tätigkeitsbereich einer Hausverwaltung für Wohnungseigentümergemeinschaften

Der § 21 Abs. 5 WEG regelt den Tätigkeitsbereich einer Hausverwaltung wie folgt:

„Zu einer ordnungsmäßigen, dem Interesse der Gesamtheit der Wohnungseigentümer entsprechenden Verwaltung gehört insbesondere

1. die Aufstellung einer Hausordnung;
2. die ordnungsmäßige Instandhaltung und Instandsetzung des gemeinschaftlichen Eigentums;
3. die Feuerversicherung des gemeinschaftlichen Eigentums zum Neuwert sowie die angemessene Versicherung der Wohnungseigentümer gegen Haus- und Grundbesitzerhaftpflicht;
4. die Ansammlung einer angemessenen Instandhaltungsrückstellung;
5. die Aufstellung eines Wirtschaftsplans (§ 28)
6. die Duldung aller Maßnahmen, die zur Herstellung einer Fernsprechteilnehmereinrichtung, einer Rundfunkempfangsanlage oder eines Energieversorgungsanschlusses zugunsten eines Wohnungseigentümers erforderlich sind.

Der § 27 WEG regelt dazu die Aufgaben und Befugnisse des Verwalters: (1) Der Verwalter ist gegenüber den Wohnungseigentümern und gegenüber der Gemeinschaft der Wohnungseigentümer berechtigt und verpflichtet:

1. Beschlüsse der Wohnungseigentümer durchzuführen und für die Durchführung der Hausordnung zu sorgen;
2. die für die ordnungsmäßige Instandhaltung und Instandsetzung des gemeinschaftlichen Eigentums erforderlichen Maßnahmen zu treffen;
3. in dringenden Fällen sonstige zur Erhaltung des gemeinschaftlichen Eigentums erforderliche Maßnahmen zu treffen;
4. Lasten- und Kostenbeiträge, Tilgungsbeiträge und Hypothekenzinsen anzufordern, in Empfang zu nehmen und abzuführen, soweit es sich um gemeinschaftliche Angelegenheiten der Wohnungseigentümer handelt;
5. alle Zahlungen und Leistungen zu bewirken und entgegenzunehmen, die mit der laufenden Verwaltung des gemeinschaftlichen Eigentums zusammenhängen;
6. eingenommene Gelder zu verwalten;
7. die Wohnungseigentümer unverzüglich darüber zu unterrichten, dass ein Rechtsstreit gem. § 43 anhängig ist;
8. die Erklärungen abzugeben, die zur Vornahme der in § 21 Abs. 5 Nr. 6 bezeichneten Maßnahmen erforderlich sind.

(2) Der Verwalter ist berechtigt, im Namen aller Wohnungseigentümer und mit Wirkung für und gegen sie:

1. Willenserklärungen und Zustellungen entgegenzunehmen, soweit sie an alle Wohnungseigentümer in dieser Eigenschaft gerichtet sind;
2. Maßnahmen zu treffen, die zur Wahrung einer Frist oder zur Abwendung eines sonstigen Rechtsnachteils erforderlich sind, insbesondere einen gegen die Wohnungseigentümer gerichteten Rechtsstreit gemäß § 43 Nr. 1, Nr. 4 oder Nr. 5 im Erkenntnis- und Vollstreckungsverfahren zu führen;
3. Ansprüche gerichtlich und außergerichtlich geltend zu machen, sofern er hierzu durch Vereinbarung oder Beschluss mit Stimmenmehrheit der Wohnungseigentümer ermächtigt ist;

4. mit einem Rechtsanwalt wegen eines Rechtsstreits gemäß § 43 Nr. 1, Nr. 4 oder Nr. 5 zu vereinbaren, dass sich die Gebühren nach einem höheren als dem gesetzlichen Streitwert, höchsten nach einem gemäß § 49a Abs. 1 Satz 1 des Gerichtskostengesetzes bestimmten Streitwert bemessen.

(3) Der Verwalter ist berechtigt, im Namen der Gemeinschaft der Wohnungseigentümer und mit Wirkung für und gegen sie

1. Willenserklärungen und Zustellungen entgegenzunehmen;
2. Maßnahmen zu treffen, die zur Wahrung einer Frist oder zur Abwendung eines sonstigen Rechtsnachteils erforderlich sind, insbesondere einen gegen die Gemeinschaft gerichteten Rechtsstreit gemäß § 43 Nr. 2 oder Nr. 5 im Erkenntnis- und Vollstreckungsverfahren zu führen;
3. die laufenden Maßnahmen der erforderlichen ordnungsmäßigen Instandhaltung und Instandsetzung gemäß Absatz 1 Nr. 2 zu treffen;
4. die Maßnahmen gemäß Absatz 1 Nr. 3 bis 5 und Nr. 8 zu treffen;
5. im Rahmen der Verwaltung der eingenommenen Gelder gemäß Absatz 1 Nr. 6 Konten zu führen;
6. mit einem Rechtsanwalt wegen eines Rechtsstreits gemäß § 43 Nr. 2 oder Nr. 5 eine Vergütung gemäß Absatz 2 Nr. 4 zu vereinbaren;
7. sonstige Rechtsgeschäfte und Rechtshandlungen vorzunehmen, soweit er hierzu durch Vereinbarung oder Beschluss der Wohnungseigentümer mit Stimmenmehrheit ermächtigt ist. Fehlt ein Verwalter oder ist er zur Vertretung nicht berechtigt, so vertreten alle Wohnungseigentümer die Gemeinschaft. Die Wohnungseigentümer können durch Beschluss mit Stimmenmehrheit einen oder mehrere Wohnungseigentümer zur Vertretung ermächtigen.“

Absatz 4 macht deutlich, dass es hier um zwingendes Recht handelt: „Die dem Verwalter nach den Absätzen 1 bis 3 zustehenden Aufgaben und Befugnisse können durch Vereinbarung der Wohnungseigentümer nicht eingeschränkt oder ausgeschlossen werden.“ Weiter heißt es im Gesetz:

(5) Der Verwalter ist verpflichtet, eingenommene Gelder von seinem Vermögen gesondert zu halten. Die Verfügung über solche Gelder kann durch Vereinbarung oder Beschluss der Wohnungseigentümer mit Stimmenmehrheit von der Zustimmung eines Wohnungseigentümers oder eines Dritten abhängig gemacht werden.“

§ 24 Abs. 1 WEG regelt, dass die Versammlung der Wohnungseigentümer vom Verwalter mindestens einmal im Jahre einberufen wird. Weiter heißt es im Gesetz:

(6) Über die in der Versammlung gefassten Beschlüsse ist eine Niederschrift aufnehmen. Die Niederschrift ist von dem Vorsitzenden und einem Wohnungseigentümer und, falls ein Verwaltungsbeirat bestellt ist, auch von dessen Vorsitzenden oder seinem Vertreter zu unterschreiben. Jeder Wohnungseigentümer ist berechtigt, die Niederschriften einzusehen.

(7) Es ist eine Beschluss-Sammlung zu führen. Die Beschluss-Sammlung enthält nur den Wortlaut

1. der in der Versammlung der Wohnungseigentümer verkündeten Beschlüsse mit Angabe von Ort und Datum der Versammlung,
2. der schriftlichen Beschlüsse mit Angabe von Ort und Datum der Verkündung und
3. der Urteilsformeln der gerichtlichen Entscheidungen in einem Rechtsstreit gemäß § 43 mit Angabe ihres Datums, des Gerichts und der Parteien,

soweit diese Beschlüsse und gerichtlichen Entscheidungen nach dem 01.07.2007 ergangen sind. Die Beschlüsse und gerichtlichen Entscheidungen sind fortlaufend einzutragen und zu nummerieren. Sind sie angefochten oder aufgehoben worden, so ist dies anzumerken. Im Falle einer Aufhebung kann von einer Anmerkung abgesehen und die die Eintragung gelöscht werden. Eine Eintragung kann auch gelöscht werden, wenn sie aus einem anderen Grund für die Wohnungseigentümer keine Bedeutung mehr hat. Die Eintragungen, Vermerke und Löschungen gemäß den Sätzen 3 bis 6 sind unverzüglich zu erledigen und mit Datum zu versehen. Einem Wohnungseigentümer oder einem Dritten, den ein Wohnungseigentümer ermächtigt hat, ist auf sein Verlangen Einsicht in die Beschluss-Sammlung zu geben.

(8) Die Beschluss-Sammlung ist vom Verwalter zu führen. Fehlt ein Verwalter, so ist der Vorsitzende der Wohnungseigentümerversammlung verpflichtet, die Beschluss-Sammlung zu führen, sofern die Wohnungseigentümer durch Stimmenmehrheit keinen anderen für diese Aufgabe bestellt haben.“

§ 24 Abs. 1 WEG regelt, dass die Versammlung der Wohnungseigentümer vom Verwalter mindestens einmal im Jahre einberufen wird.

§ 28 WEG regelt noch folgende Punkte: (1) Der Verwalter hat jeweils für ein Kalenderjahr einen Wirtschaftsplan aufzustellen. Der Wirtschaftsplan enthält:

1. die voraussichtlichen Einnahmen und Ausgaben bei der Verwaltung des gemeinschaftlichen Eigentums;
2. die anteilmäßige Verpflichtung der Wohnungseigentümer zur Lasten- und Kostentragung;
3. die Beitragsleistung der Wohnungseigentümer zu der in § 21 Abs. 5 Nr. 4 vorgesehenen Instandhaltungsrückstellung.

(3) Der Verwalter hat nach Ablauf des Kalenderjahres eine Abrechnung aufzustellen.

(4) Die Wohnungseigentümer können durch Mehrheitsbeschluss jederzeit von dem Verwalter Rechnungslegung verlangen.

Das im Gesetz aufgeführte Tätigkeitsfeld einer Hausverwaltung erhebt keinen Anspruch auf Vollständigkeit. In der Branche ist es deshalb gängig, die im Gesetz aufgeführten Punkte als „Ordentliche Verwalterleistungen" zu führen, die in den gängigen Verwalterverträgen noch durch die „Außerordentlichen Verwalterleistungen" ergänzt werden. Die Verfasser gehen darauf im Kapitel „Tipps zur Vertragsgestaltung" näher ein.

2.7 Das Verwalterentgelt und die Preisbildung

Die Höhe des Verwalterentgelts, mit dem Sie rechnen sollten, ist von vielen unterschiedlichen Faktoren abhängig. Hierbei spielt es beispielsweise eine Rolle, ob es sich um eine Wohnungseigentümergemeinschaft oder ein Mietshaus handelt, aus wie vielen Einheiten und Gebäuden die Wohnanlage besteht, wie weit die Wohnanlage von dem nächsten Büro des Verwalters entfernt ist, wie groß die Konkurrenz der Hausverwalter in Ihrem Gebiet ist und so weiter.

Selbstverständlich existieren darüber hinaus auch Preisunterschiede regionaler Art, auf die die Verfasser in diesem Ratgeber nicht näher eingehen können. Wenn Sie sich allerdings mit der Suche nach einer neuen Verwaltung befassen, werden Sie bald ein Gefühl dafür bekommen, welches Preisgefüge in Ihrer Region herrscht. Sofern Sie Verwandte oder Bekannte haben, die auch Wohnungseigentümer sind, können Sie diese nach der Verwalterpauschale fragen. Anhaltspunkte für die Preise können Sie auch bei einem Verwalterfachverband in Ihrer Region erfragen.

Preisbildung für Eigentumswohnanlagen

In den meisten Regionen ist es branchenüblich, dass die „Ordentlichen Verwalterleistungen" mit einer monatlichen Pauschale pro Wohneinheit und Monat belegt werden. Es ist auch durchaus üblich, diese monatliche Pauschale für die „Ordentlichen Verwalterleistungen“ als Gesamtbetrag anzugeben.

Dies hängt damit zusammen, dass je nach Teilungserklärung einer Wohnungseigentümergemeinschaft diese Gebühr entweder nach Miteigentumsanteilen oder nach Wohneinheiten umgelegt werden kann. Erstellt ein potenzieller neuer Verwalter ein Angebot für Ihre Wohnanlage, weiß er in der Regel noch nicht, wie diese Pauschale im speziellen Fall umgelegt werden kann.

Für die „Außerordentlichen Verwalterleistungen“ wird meistens ein Stundensatz angesetzt. Der Verwalter führt dann über seine Tätigkeiten entsprechende Nachweise und stellt der Wohnungseigentümergemeinschaft in regelmäßigen Abständen eine Rechnung. Zu den „Außerordentlichen Verwalterleistungen“ gehören alle Dienstleistungen, die nicht zu den „Ordentlichen Verwalterleistungen“ zählen, beispielsweise die Bearbeitung von Baumängeln oder Bauaufsichten.

Die Höhe der angebotenen Verwalterpauschalen richten sich meistens nach mehreren Faktoren, die jeder Verwalter für sich beantworten muss. Folgende Überlegungen können hier aus Verwaltersicht eine Rolle spielen.

> Wie weit liegt die Wohnungseigentümergemeinschaft vom nächsten Büro des Verwalters entfernt, bzw. welche anderen bereits im Bestand vorhandenen Wohnanlagen liegen in der Nähe (Kalkulation der Fahrkosten)?

> Wie groß ist die Wohnungseigentümergemeinschaft (Anzahl der Wohn- und Geschäftseinheiten)?

> Über welchen Reparaturstau verfügt die Wohnanlage (Einschätzung des Arbeitsaufwands)?

- Wer ist der Vorverwalter (Einschätzung des Arbeitsaufwands für Neuordnung der Unterlagen, Erstellen der Abrechnung etc.)? In diesem Zusammenhang fließen oft auch der Verwaltungszeitraum und die Anzahl der Vorverwalter in die Preisbildung mit ein.

- Laufen gerichtliche Beweissicherungsverfahren (Baumängel) oder Streitigkeiten unter den Wohnungseigentümern oder mit der Vorverwaltung (Einschätzung des Arbeitsaufwands)?

Darüber hinaus können noch „Kampfpreisüberlegungen" den Preis bestimmen, wenn z. B. ein Unternehmen verhindern möchte, dass Konkurrenzunternehmen im gleichen Gebiet vermehrt tätig werden. In diesem Fall können Sie in der Regel eine gute Qualität der Dienstleistungen zum Niedrigpreis erwarten. Je größer Ihre Wohnanlage ist (nach Anzahl der Wohn- und Geschäftseinheiten), desto mehr potenzielle Verwalter werden Sie finden und desto günstiger werden die Ihnen angebotenen monatlichen Pauschalen sein.

Dass „große Wohnanlagen" unter Verwaltern besonders begehrt sind, liegt ganz einfach daran, dass der jährliche Arbeitsaufwand und das Entgelt in Relation zu kleineren Wohnanlagen und deren Entgelt meist in keinem Verhältnis steht, was bedeutet, dass in aller Regel mit der Verwaltung von größeren Wohnanlagen erheblich mehr verdient wird als mit der Verwaltung von kleineren.

Entsprechend gibt es auch kleinere Wohnanlagen, deren Eigentümer sich verhältnismäßig schwer tun, interessierte Verwalter zu finden. Zu nennen sind hier speziell Größenordnungen bis zu acht Wohneinheiten. Die berufliche Praxis der Hausverwalter zeigt, dass in kleinen Wohnanlagen oft viel mehr Streitpotenzial unter den Bewohnern vorhanden ist als in größeren. Wenn der Hausverwalter im Zuge seiner Tätigkeit dann als Schlichter eingreift, gerät er dabei oft ins Fadenkreuz, vom erhöhten Arbeitsaufwand und dem erforderlichen psychologischen Geschick einmal abgesehen.

Es kommt immer wieder vor, dass die interne Kalkulation eines Verwalters für kleine Wohnanlagen zu einer verhältnismäßig hohen Pauschale führt. Sollte Ihre Wohnanlage mit den oben geschilderten Problematiken behaftet sein, teilen Sie bitte trotzdem den Verwaltungsunternehmen offen die Probleme der Wohnungseigentümergemeinschaft von vorneherein mit. Wenn Sie dann ein Angebot mit verhältnismäßig hohen Preisen erhalten, können Sie in der Regel sicher sein, dass der Verwalter diese Probleme mit einkalkuliert hat und sein Bestes tun wird, um die Situation zu bereinigen.

Sie könnten selbstverständlich bei Einholung der Angebote solche Fälle auch verschweigen, was sicherlich zu günstigeren Angebotspreisen führen würde. In diesen Fällen ist jedoch abzusehen, dass die Zusammenarbeit zwischen Wohnungseigentümern und Verwaltern wenig fruchtbar verlaufen wird.

Preisbildung für Mietshäuser

Bei der Preisbildung für die Verwaltung von Mietshäusern verhält es sich etwas anders. Auch in diesem Fall werden große Wohnanlagen zwar bevorzugt übernommen, jedoch ergeben sich hier für kleinere und Kleinstwohnanlagen weniger Nachteile.

Bei Mietvollverwaltungen (Technische Verwaltung nebst Überwachung der Mieteingänge, Mahnverfahren, Mietersuche, sowie Erstellung der Abrechnung und auf Wunsch Bildung einer Instandhaltungsrücklage, Überwachung von Handwerkerarbeiten etc.) ist es üblich, einen Prozentsatz ausgehend von der Brutto- oder Nettojahresmiete als monatliche Verwaltergebühr anzusetzen. Dafür sollten Sie aber auch wirklich von nahezu allen Verpflichtungen Ihren Mietern gegenüber entlastet sein!

Für den Umfang der Verwaltertätigkeit bei Mietshäusern gibt es keine gesetzliche Vorschrift, dieser kann frei vereinbart werden. Suchen Sie beispielsweise eine Verwaltung, die Ihnen nur die Erstellung der Nebenkostenabrechnung abnimmt, werden Sie sicherlich auch fündig werden (selbstverständlich ist dann auch nur ein Bruchteil zu bezahlen).

Die Verwaltungsunternehmen bieten hier sehr unterschiedliche Pakete nebst höchst unterschiedlichen Preisen an. Hier hilft wirklich nur anrufen und nachfragen weiter. Sollten Sie einen oder mehrere äußerst problematische Mieter haben (z. B. so genannte Mietnomaden), sollten Sie dies dem Verwaltungsunternehmen ehrlich mitteilen. Die weiteren Überlegungen für die Preisbildung aus Verwaltersicht können darüber hinaus auch bei Miethäusern sein:

> Wie weit liegt das Gebäude vom nächsten Büro des Verwalters entfernt, bzw. welche anderen bereits im Bestand vorhandenen Wohnanlagen liegen in der Nähe (Kalkulation der Fahrkosten)?

> Wie hoch ist der Brutto- bzw. Nettojahresmietwert?

> Über welchen Reparaturstau verfügt die Wohnanlage (Einschätzung des Arbeitsaufwands)?

> Wer ist der Vorverwalter (Einschätzung des Arbeitsaufwands für Neuordnung der Unterlagen, Erstellen der Abrechnung etc.)?

Da bei Mietshausverwaltungen das Wohnungseigentumsgesetz nicht greift, sollte der Vertrag sorgfältig ausgearbeitet werden!

3. Kündigung eines bestehenden Verwaltervertrags

Wenn Sie noch keinen Verwalter haben oder ein Verwalter von sich aus das Vertragsverhältnis gekündigt hat, ist dieses Kapitel für Sie ohne Bedeutung. In den meisten Fällen dürfte jedoch bereits ein Vertragsverhältnis mit einer Hausverwaltung bestehen.

Wenn Sie sich grundsätzlich nach einer neuen Hausverwaltung umsehen möchten, muss das laufende Vertragsverhältnis zunächst auf die Kündigungsmöglichkeiten seitens der Wohnungseigentümergemeinschaft hin überprüft werden. Die Voraussetzung für eine Verwaltersuche ist stets, dass der derzeit amtierende Hausverwalter ordentlich und rechtskräftig gekündigt, bzw. abberufen werden kann.

§ 26 Abs. 1 WEG sagt hierzu aus: „Über die Bestellung und Abberufung des Verwalters beschließen die Wohnungseigentümer mit Stimmenmehrheit. Die Bestellung darf auf höchstens fünf Jahre vorgenommen werden. Die Abberufung des Verwalters kann auf das Vorliegen eines wichtigen Grundes beschränkt werden. Andere Beschränkungen der Bestellung oder Abberufung des Verwalters sind nicht zulässig.“

3.1 Was Wohnungseigentümer beachten und überprüfen sollten

Wenn Sie eine Wohnung in einer relativ neuen Wohnanlage besitzen, sehen Sie bitte zunächst nach, ob Ihr derzeitiger Verwalter mittels Teilungserklärung oder Eigentümerbeschluss zum Verwalter bestellt wurde. Diese Information können Sie der Teilungserklärung entnehmen.

3.1.1 Das Vertragsverhältnis des Verwalters mit der Wohnungseigentümergemeinschaft

Der Bauträger einer Wohnungseigentumsanlage und die Eigentümer von Mehrfamilienhäusern, die die Aufteilung eines Wohnhauses in die Wege leiten, können nämlich rechtskräftig den ersten Hausverwalter mittels notariellem Eintrag in die Teilungserklärung bestellen, bevor die erste Einheit verkauft ist. Diese Verwalterbestellung läuft jedoch – wie im Übrigen jede Verwalterbestellung – längstens für den Zeitraum von fünf Jahren und muss dann per Mehrheitsbeschluss erneuert werden. Es ist aber selbstverständlich möglich, diesen Zeitraum von vorneherein kürzer anzusetzen.
Sofern kein grobes Verschulden eines durch die Teilungserklärung bestellten Verwalters vorliegt, (siehe „Die außerordentliche Kündigung aus wichtigem Grund") ist diese Laufzeit bindend.

3.1.2 Die Vertragslaufzeit: Besteht noch ein gültiger, offizieller Verwaltervertrag?

Hat der Verwalter jedoch nach Ablauf der fünf Jahre versäumt, sein Vertragsverhältnis zu verlängern, so ist er streng genommen bereits nicht mehr der offizielle Verwalter Ihrer Wohnanlage. So verhält es sich auch bei per Mehrheitsbeschluss bestellten Hausverwaltern, die langjährig für die Wohnanlage tätig sind. Eine Vertragslaufzeit darf maximal fünf Jahre betragen und kann beliebig oft erneuert werden. Wurde die Laufzeit innerhalb des Fünfjahreszeitraums nicht per erneutem Mehrheitsbeschluss verlängert, ist der Verwalter offiziell nicht mehr im Amt.

Oft ist in Verwalterverträgen auch eine „Verlängerungsklausel" zu finden. Diese besagt meistens, dass sich der Verwaltervertrag jeweils um ein weiteres Jahr verlängert, wenn nicht eine bestimmte Zeit vor Ende der Laufzeit von einer der Parteien schriftlich gekündigt wurde. Auch in diesem Fall gilt: Die Verlängerungsklausel darf maximal fünf Jahre laufen und muss dann per Mehrheitsbeschluss erneut beschlossen werden, damit sie wirksam für weitere fünf Jahre laufen kann.

Um den Status in Ihrem Fall genau überprüfen zu können, sollten Sie als erstes einen Blick in den Verwaltervertrag werfen, in dem die Laufzeit geregelt ist. Wurde der Verwaltervertrag schon mindestens einmal per Eigentümerbeschluss verlängert, können Sie die neue Laufzeit den Protokollen entnehmen. Aber die genauen Kündigungsvereinbarungen werden Sie nur im Vertrag selbst finden.

Es ist sehr zu empfehlen, den Verwaltervertrag stets zum Ende des Wirtschaftsjahres der Wohnungseigentümergemeinschaft zu kündigen, damit der amtierende und der neue Verwalter einen klaren Schnitt machen können.

Falls Ihnen als Wohnungseigentümer der Verwaltervertrag nicht vorliegt, rufen Sie bitte Ihren Verwalter an und fordern eine Vertragskopie an. Das ist Ihr gutes Recht, welches man Ihnen auch nicht verwehren wird. (Ihr Verwalter könnte allerdings vermuten, dass Sie sich nach einer neuen Verwaltung umsehen möchten, da Vertragskopien meistens nur für diesen Fall angefordert werden. Sagen Sie z. B. einfach, dass Sie die Vertragskopie zur Komplettierung Ihrer Wohnungsunterlagen benötigen.).

Meistens endet die Laufzeit des Verwaltervertrags am Ende eines Wirtschaftsjahres der Wohnungseigentümergemeinschaft. Dies ist durchaus sinnvoll, da die Jahresabrechnung für dieses Wirtschaftsjahr theoretisch dann noch von diesem Verwalter erstellt werden sollte – schließlich hat er über die monatliche Verwaltergebühr bereits die Gebühr für die Jahresabrechnung erhalten. Diese Regelung war in der Branche jahrelang gängig. Schließlich wurden die Kosten-positionen über das Jahr beim Verwalter verbucht und die Erstellung der Abrechnung ist dann kein allzu großer Aufwand mehr. Jedoch hat die Rechtssprechung in der jüngeren Vergangenheit unverständlicherweise schon abgesetzte Verwalter von der Pflicht enthoben, diese bereits bezahlte Jahresabrechnung zu erstellen.

Bleibt nur ein Blick in den Verwaltervertrag: Steht darin, dass der Verwalter die Jahresabrechnung zu erstellen hat, sollte er dies auch tun. Animiert durch die jüngste Rechtssprechung weigern sich aber leider vermehrt die Verwalter, dieser letzten Amtshandlung nachzukommen.

3.1.3 Die Abberufung eines amtierenden Verwalters

Zurück zur Vertragskündigung: Läuft die Vertragszeit ab, wird der Verwalter in der Regel einen entsprechenden Tagesordnungspunkt für die nächste Eigentümerversammlung ansetzen, der lautet: „Verlängerung des Verwaltervertrags". Lautet der Tagesordnungspunkt „Verlängerung", so kann grundsätzlich kein neuer Verwalter bestellt werden.

Dazu müssen Sie schriftlich einen Tagesordnungspunkt beantragen, der „Neuwahl einer Hausverwaltung" lautet. Hat Ihr amtierender Verwalter den Punkt allerdings nur „Verwaltervertrag" genannt, können Sie die Neuwahl unter diesem Punkt grundsätzlich durchführen, rechtssicherer ist jedoch der Wortlaut „Neuwahl".

Bevor Sie einen entsprechenden Antrag bei Ihrem amtierenden Verwalter stellen, sehen Sie bitte in der Teilungserklärung nach, ob in der Gemeinschaftsordnung etwas über die Beantragung eines Tagesordnungspunktes geregelt ist. Es ist nämlich möglich, dass ein solcher Punkt nur z. B. von einem Viertel der Miteigentümer oder Miteigentumsanteile beantragt werden kann. In diesem Fall müssen Sie eine ausreichende Zahl an Miteigentümern finden, die Ihren Antrag unterstützen und den Brief mit unterzeichnen.

Grundsätzlich lässt sich kein amtierender Hausverwalter gerne ablösen. Aus diesem Grund wird er nach Erhalt des Schreibens als erstes die Gemeinschaftsordnung nach einem entsprechenden Passus studieren und den Tagesordnungspunkt wenn möglich nicht ansetzen. Dadurch gewinnt er auf jeden Fall zunächst einmal Zeit. Wenn Sie diesen Punkt von vorneherein beachten, kann er nicht auf diese Weise vorgehen. Beantragen Sie den Tagesordnungspunkt aber nicht zu früh, da sonst gegebenenfalls das Engagement des Verwalters nachlassen könnte.

Anders verhält es sich, wenn Sie einen Verwaltervertrag mit Verlängerungsklausel haben. Dieser kann in der Regel – je nach Vereinbarung – drei Monate vor Ablauf gekündigt werden. Auch hier müssen Sie beachten, ob für die Kündigung ein Eigentümerbeschluss notwendig ist oder ob beispielsweise ein Schreiben durch den Verwaltungsbeirat ausreichend ist.

Bitte wählen – bestellen – Sie aber Ihre neue Verwaltung auf jeden Fall im Rahmen einer Eigentümerversammlung oder notfalls per Umlaufbeschluss! Denn nur ein notariell beglaubigtes Protokoll mit einer Verwalterbestellung ermächtigt Ihren neuen Verwalter zum uneingeschränkten Handeln für die Wohnungseigentümergemeinschaft (z. B. Verwalterzustimmung). Ohne ein solches Protokoll zählt auch ein korrekter Verwaltervertrag in einigen Situationen nicht. Dies gilt aber nur, wenn gemäß Ihrer Teilungserklärung für die Veräußerung von Einheiten eine Verwalterzustimmung nötig ist.

3.2 Die außerordentliche Kündigung aus wichtigem Grund

Auch wenn der aktuelle Verwaltervertrag noch einige Zeit läuft, können die Wohnungseigentümer einen Verwalter gemäß § 26 Abs. 1 Satz 3 WEG aus wichtigem Grund abberufen, also mittels Beschlussfassung „abwählen“. Dieser wichtige Grund kann dann eingetreten sein, wenn der Verwalter seinen gesetzlich und vertraglich geregelten Pflichten nicht mehr nachkommt, also beispielsweise keine Abrechnung erstellt oder sich weigert, die Eigentümerversammlung einzuberufen.

Ebenso kann als wichtiger Grund gelten, wenn das Vertrauensverhältnis zwischen Verwalter und Wohnungseigentümer gestört ist, wenn der

Verwalter z. B. das Vermögen der Wohnungseigentümergemeinschaft mit seinem Privatvermögen vermischt hat. Auf dieses Thema im Rahmen dieses Ratgebers näher einzugehen wäre zu umfangreich, da alle Fälle unterschiedlich gelagert sind und jeweils juristisch überprüft werden sollten. Liegt nämlich nach Meinung eines Gerichts dieser wichtige Grund nicht vor, können große Probleme sowie zusätzliche Kosten entstehen, falls dann zwei Verwalter am Werk sind.

Wenn Sie der Meinung sind, für die Abberufung Ihres Verwalters liege ein wichtiger Grund vor, lassen Sie dies bitte auf jeden Fall prüfen und sich von einem Rechtsanwalt über die weitere Vorgehensweise beraten! Dieser wird auch die Vorraussetzung der Einberufung einer Versammlung zu diesem Zweck überprüfen und unterstützen.

3.3 Zusammenfassung

Bitte beantworten Sie nach Einsicht der Teilungserklärung, des Verwaltervertrags und der Protokolle folgende Fragen:

> Wann endet das Vertragsverhältnis gemäß Teilungserklärung, Verwaltervertrag oder Mehrheitsbeschluss?

Zu diesem Zeitpunkt können Sie einen neuen Verwalter für Ihre Wohnanlage bestellen.

> Ist im Vertrag oder in einem Protokoll eine Verlängerungsklausel beschlossen?

Bitte sehen Sie sich diese Klausel näher an: Wie kann der Vertrag seitens der Wohnungseigentümer gekündigt werden und wie lange dauert die Kündigungsfrist? Wenn Sie den Vertrag kündigen möchten und die Klausel nicht näher definiert ist, ist der sicherste Weg ein Beschluss im Rahmen einer Eigentümerversammlung, aber auch ein (stets allstimmiger) Umlaufbeschluss.

Eventuell müssen ein Tagesordnungspunkt oder eine außerordentliche Eigentümerversammlung von einer gewissen Anzahl von Eigentümern oder Miteigentumsanteilen schriftlich beantragt werden. Bitte entnehmen Sie die entsprechende Vorschrift Ihrer Teilungserklärung. Ist dort nichts geregelt, gilt das Wohnungseigentumsgesetz.

> Wurde die Fünfjahreslaufzeit ohne weitere Beschlussfassung überschritten?

In diesem Fall haben Sie offiziell bereits keinen Verwalter mehr. Bitte beraten Sie sich in einem solchen Fall zunächst mit dem Verwaltungsbeirat.

Selbstverständlich kann auch der gewissenhafteste Verwalter einmal übersehen, dass die Fünfjahreslaufzeit überschritten wurde. Trotzdem erledigt er seine Arbeit und bekommt die Verwaltergebühr. Sie sollten einen solchen Verwalter bei Bedarf trotzdem immer ordentlich abberufen, um zu vermeiden, nach einer Verwalterneubestellung zwei Verwalter bezahlen zu müssen.

Denn auch der Verwalter kann gegen einen Beschluss der Wohnungseigentümer klagen und für den Fall, dass eine Abberufung zurückgezogen wird, heißt dies noch nicht, dass die bereits erfolgte Neubestellung des Nachfolgers ebenso ungültig ist.

Meistens kommt es dazu jedoch nicht. Die meisten Hausverwalter werden einer Auflösung des Vertragsverhältnisses zustimmen, wenn eine weitere fruchtbare Zusammenarbeit nicht zu erwarten ist oder das Vertrauensverhältnis dauerhaft gestört ist. Damit ein Hausverwalter eine Wohnungseigentümergemeinschaft überhaupt konstruktiv verwalten kann, ist er auf die Zusammenarbeit mit dem Verwaltungsbeirat und den Wohnungseigentümern angewiesen.

3.4 Was Mietshauseigentümer beachten sollten

Als alleiniger Eigentümer eines Mietshauses haben Sie es viel leichter. Bitte prüfen Sie auch in diesem Fall Ihren Verwaltervertrag nach der vereinbarten Laufzeit. Anders als bei einer Wohnungseigentümergemeinschaft muss diese nicht alle fünf Jahre verlängert werden. Zum Ende der Laufzeit oder wenn den Verwalter ein Verschulden trifft, welches in Ihrem Vertrag als Kündigungsgrund aufgeführt ist, können Sie das Vertragsverhältnis vergleichsweise unkompliziert auflösen.

4. Stufe 1: Beginn der Suche – Angebote einholen

4.1 So finden Sie die Verwaltungsunternehmen in Ihrer Gegend

Um die in Ihrer Region tätigen Hausverwalter zu finden, gibt es unterschiedliche Möglichkeiten. Die schnellste Hilfe bietet das Branchenbuch an. Fragen Sie auch Freunde und Bekannte, welche Verwaltung für deren Wohnhaus tätig ist und suchen Sie Nachbarwohnanlagen auf – in der Regel finden Sie im Eingangsbereich ein schwarzes Brett, auf dem die Hausverwaltung vermerkt ist. Auch das Internet kann eine große Hilfe sein, wenn Sie die Stichwörter „Hausverwaltung“ und den entsprechenden Ort in eine Suchmaschine eingeben. Auf diese Weise sollten Sie schon bald eine Liste von Hausverwaltern nebst Rufnummern zur Hand haben.

4.2 Für Wohnungseigentümer: Diese Angaben sollten Sie bereithalten

Selbstverständlich können Sie die in Frage kommenden Hausverwaltungen auch schriftlich oder per E-Mail um Angebote bitten. Wir empfehlen Ihnen aber, die Angebote telefonisch einzufordern, da Sie dann vorab gleich eine Anzahl von Faktoren abschätzen können:

> Ist bei dieser Hausverwaltung (zu normalen Bürozeiten) jemand telefonisch erreichbar?
> Werden Sie gegebenenfalls von der zuständigen Person zurückgerufen?
> Werden Sie am Telefon freundlich behandelt?

Außerdem können Sie am Telefon leichter beurteilen, wie stark das Interesse des Unternehmens an der Verwaltung Ihrer Wohnanlage ist.

Diese Angaben sollten Sie vor dem Telefonieren bereithalten:

> Anzahl der Wohneinheiten
> Adresse
> Baujahr
> Verfügt die Wohnanlage über eine Tiefgarage (Anzahl der Tiefgaragenplätze)?
> Falls vorhanden: Anzahl der Gewerbeeinheiten (Läden, Praxen, Büros)
> Auf wie viele Häuser sind die Einheiten verteilt?

Es ist möglich, dass Sie danach gefragt werden, ob derzeit Beweissicherungsverfahren (Streit mit dem Bauträger wegen Baumängeln) oder gerichtliche Streitigkeiten der Wohnungseigentümer untereinander anhängig sind. Diese Fragen sind legitim, antworten Sie bitte ehrlich. Derartige Streitigkeiten im Sinne einer Wohnungseigentümergemeinschaft zu steuern und zu einem guten Ende für alle Beteiligten zu führen, nimmt sehr viel Zeit in Anspruch. Dieser Zeitaufwand und die damit verbundenen Kosten müssen daher mit einkalkuliert werden.

Ferner spielt für die Preiskalkulation der Unternehmen eine Rolle, ob und in welcher Anzahl Gewerbeeinheiten im Objekt vorhanden sind. Die Verwaltung von Wohnungseigentümergemeinschaften mit hohem Gewerbeanteil ist in der Regel aufwändiger, weshalb etliche Unternehmen für Gewerbeeinheiten andere Preise ansetzen.

Es ist sehr wahrscheinlich, dass Sie nicht gleich während des ersten Telefonats einen verbindlichen Angebotspreis erhalten. In den meisten Fällen möchten die Hausverwalter vor Abgabe eines Angebots die Wohnanlage kurz von außen besichtigen. Dem geübten Auge bleibt der Erhaltungszustand der Häuser nicht verborgen – dieser ist in den meisten Fällen ebenso mit entscheidend für den Angebotspreis. Dass das so ist, hat seinen Grund. Wenn der Hausverwalter sieht, dass das Gebäude einen großen Reparaturstau aufweist, so hat er in den ersten Jahren seiner Verwaltertätigkeit einen hohen Arbeitsaufwand, was sich im Preis niederschlägt.

4.3 Fragen für Wohnungseigentümer

Folgendes sollten Sie den Verwalter im Zuge des ersten Telefongesprächs fragen:

> Haben Sie grundsätzlich Interesse daran, diese Wohnanlage zu übernehmen?

Warum ein Verwaltungsunternehmen auch einmal „nein“ sagen kann, hat vielfältige Gründe, z. B. Aufnahmekapazität des Unternehmens, Entfernung, Größe der Wohnanlage etc. Es ist stets anzuraten, dies gleich von Anfang an zu klären.

> Arbeiten Sie haupt- oder nebenberuflich als Hausverwalter? (Diese Frage erübrigt sich selbstverständlich bei größeren Unternehmen und Kapitalgesellschaften!)

Eine nebenberufliche Tätigkeit kann bei kleineren Einzelfirmen durchaus der Fall sein. Dies heißt aber nicht, dass ein nebenberuflicher Verwalter nicht auch sehr gut für Ihre Wohnanlage geeignet sein kann. Trotzdem ist es besser, über diesen Punkt von Anfang an Bescheid zu wissen.

> Wie viele Wohneinheiten verwalten Sie insgesamt und wie viele davon in dieser Region?

Die Frage, wie stark der Verwalter in der jeweiligen Region vertreten ist, kann sehr wichtig sein. Sicherlich kann die reine Verwaltungsarbeit theoretisch auch dann durchgeführt werden, wenn der Verwalter seinen Sitz oder das nächst gelegene Büro etwas „weiter“ (mehr als ca. 40 km) weg hat. Dadurch können aber für die Wohnungseigentümer Nachteile entstehen. Fehlen beispielsweise die guten Verbindungen zu den ortsansässigen Handwerkern, fallen oft Mehrkosten an, wenn diese aus dem Einzugsbereich des Verwalters anfahren müssen. Bedenken Sie auch die schnelle Verfügbarkeit bei Notfallhilfe (Heizungsausfall, Aufzug, Wasserschaden).

Klären Sie in solch einem Fall diese Punkte auf jeden Fall ab!

Wenn Sie bis hierhin mit den Antworten zufrieden sind, geben Sie dem Verwalter Ihre Telefonnummer und Ihre Adresse durch und bitten ihn um ein schriftliches Angebot.

Falls Ihnen die Fragen für das erste Telefonat auf den ersten Blick zu wenig erscheinen: Je mehr der Fragen in der schriftlichen Bewerbung (Stufe 2) beantwortet werden, desto qualifizierter ist diese.

4.4 Für Mietshauseigentümer: Diese Angaben sollten Sie bereit halten

In diesem Fall kommt es darauf an, ob Sie gerne eine komplette Mietverwaltung möchten, so dass Sie praktisch von allen Angelegenheiten Ihres Mietshauses entlastet sind, oder eine teilweise Mietverwaltung, z. B. lediglich die Erstellung der Mieternebenkostenabrechnung. Bitte machen Sie sich vorab Gedanken und teilen dem Unternehmen möglichst genau mit, welche Dienstleistungen Sie gerne in Anspruch nehmen möchten.

Halten Sie dazu folgende Angaben bereit:

> Anzahl der Wohneinheiten
> Falls vorhanden: Anzahl der Gewerbeeinheiten (Büros, Praxen, Läden) sowie Anzahl der Tiefgaragenplätze
> Bruttojahresmietwert (hier reicht für den Anfang ein ungefährer Wert)
> Baujahr (wichtig, wenn sich die Verwaltung auch um die Modernisierung kümmern soll)
> Adresse

Es ist möglich, dass nicht alle Unternehmen auch teilweise Dienstleistungen rund um ein Mietshaus anbieten. In der Regel sollte Ihnen dies gleich im Rahmen des ersten Telefonats oder mittels Rückruf der zuständigen Person mitgeteilt werden.

4.5 Fragen für Mietshauseigentümer

In diesem Fall orientieren Sie sich bitte an den für Wohnungseigentümer aufgeführten Fragen und verlangen Sie bei der letzten Frage Auskunft, wie viele Mietwohnungen durch das Unternehmen verwaltet werden.

4.6 Stufe 1: Checkliste für Wohnungs- und Mietshauseigentümer

Tragen Sie die Ergebnisse Ihrer Recherche in die nachfolgende Checkliste ein (vgl. Kap. 1.2)

Unternehmen 1:__________________________________

	ja/nein	*Gewichtung*
Interesse an der Verwaltung		
Hauptberuflicher Verwalter		
Verwaltung von Wohnanlagen in der Region		
Stufe 1: Ergebnis für dieses Unternehmen		

Unternehmen 2:__________________________________

	ja/nein	*Gewichtung*
Interesse an der Verwaltung		
Hauptberuflicher Verwalter		
Verwaltung von Wohnanlagen in der Region		
Stufe 1: Ergebnis für dieses Unternehmen		

u.s.w.

5. Stufe 2: Angebotsvergleich

Nach ungefähr einer Woche sollten Sie alle Angebote auf Ihrem Tisch liegen haben. Fehlen noch ein oder mehrere Angebote, haken Sie ruhig noch einmal bei den jeweiligen Unternehmen nach; unter Umständen liegt ein Versehen oder ein technisches Problem vor.

5.1 Darauf kommt es an: So vergleichen Sie die Angebote

Bitte prüfen Sie je Unternehmen, ob in den schriftlichen Bewerbungen die folgenden Aussagen enthalten sind. Dazu können Sie die Checkliste am Ende des Kapitels verwenden. Bitte verwenden Sie für jedes Unternehmen eine separate Checkliste, somit behalten Sie leichter den Überblick.

Da die Bewerbungsunterlagen der Unternehmen unterschiedlich aufgebaut sind, ist es selbstverständlich möglich, dass nicht alle folgenden Fragen durch die schriftliche Bewerbung beantwortet werden. Wenn Ihnen diese Hausverwaltung aber einen guten Eindruck macht, notieren Sie sich bitte die Fragen zusätzlich zu den Fragen für den Besprechungstermin mit dem Bewerber (Stufe 3). Umgekehrt kann natürlich ebenso der Fall sein, dass die Bewerbung eine Vielzahl der hier in den weiteren Schritten aufgeführten Kriterien im Vorfeld beantwortet. In diesem Fall halten Sie eine sehr aussagefähige Bewerbung in Händen, die Ihnen das weitere Vorgehen etwas erleichtern wird.

> Wird ein Pauschalpreis für die gesetzlichen Verwaltertätigkeiten angegeben?

Bitte achten Sie darauf, dass alle Gebühren für Wohnungseigentum, Tiefgaragenplatz sowie evtl. Gewerbeeinheiten separat aufgeführt sind, da diese Sätze differieren können. Ist dies nicht der Fall, fragen Sie nach!

> Wurde ein Stundensatz für die außerordentlichen Verwaltertätigkeiten (siehe Kapitel 2) angegeben?

Den meisten Dienstleistungsnehmern ist nicht bewusst, dass neben der monatlichen Verwalterpauschale zusätzliche Verwaltergebühren, oft Sonderkosten genannt, anfallen können. In der Branche hat es sich aus Gründen der Konkurrenzfähigkeit in vielen Regionen leider eingebürgert, dass dieser Stundensatz in den schriftlichen Bewerbungen nicht mehr aufgeführt, sondern erst später im Verwaltervertrag (nach der Verwalterwahl!) vereinbart wird. Dies hat den Grund, da immer wieder Bewerber, die ihren Stundensatz gleich zu Beginn offen legen, oftmals aus Unkenntnis gleich „aussortiert“ werden. Enthält die Bewerbung diesen Stundensatz nicht, bitte beim Unternehmen nachfragen!

> Enthält die Bewerbung ein Abrechnungsmuster?

Falls nicht, merken Sie sich vor, bei einem eventuellen persönlichen Gespräch ein Abrechnungsmuster einzusehen. Wenn ein Abrechnungsmuster beigefügt ist: Ist dieses ordentlich und nachvollziehbar gestaltet? Sind die auf den Mieter umlegbaren und nicht umlegbaren Kostenpositionen getrennt aufgeführt oder anderweitig gekennzeichnet?

Gemäß § 35a EstG können haushaltsnahe Dienstleistungen direkt von der Einkommensteuer abgesetzt werden. Damit dieser Vorteil auch für die Wohnungseigentümer oder Mieter auszunutzen ist, sollten auf der Abrechnung die Lohn- und Materialkosten getrennt aufgeführt sein. Erkundigen Sie sich, ob für diese Leistung gesonderte Gebühren anfallen.

> Haben der Verwalter und seine Mitarbeiter Fachkompetenzen?

Der Gesetzgeber sieht im Moment noch keinen Qualifikationsnachweis für Hausverwalter vor. Da also nahezu jeder Hausverwalter werden kann, prüfen Sie bitte, ob die Bewerbung Aussagen über den Ausbildungsberuf oder weiterführende Qualifikationen enthält (Ausbildungsberuf z. B. Kaufmann/Kauffrau in der Grundstücks- und Wohnungswirtschaft, Weiterbildung zum Immobilienfachwirt, Bauingenieur oder Jurist, fachbezogenes Studium etc.).

> Wurden Angaben über die Berufserfahrung des Verwalters und seiner Mitarbeiter gemacht?

Selbstverständlich kann sich ein Verwalter auch ohne Ausbildung über eine langjährige Berufserfahrung Fachkompetenz aneignen. Gerade wenn Angaben bezüglich der Qualifikationen fehlen, sollte auf eine langjährige Berufserfahrung Wert gelegt werden. Sind Berufserfahrung und fachliche Qualifikationen vorhanden, sollten Sie dieses Unternehmen auf jeden Fall – einmal abgesehen vom Angebotspreis – in die engere Wahl nehmen.

> Enthält die Bewerbung die Angabe von Referenzobjekten, bzw. ist der Verwalter bereit, auf Wunsch Referenzobjekte zu benennen?

Die Hausverwaltung ist in vielen Regionen ein hart umkämpfter Markt. Hausverwalter unter sich arbeiten öfters mit etwas unfairen Mitteln, um dem Wettbewerb zu begegnen. Aus diesem Grund kann es vorkommen, dass Verwaltungsunternehmen sehr vorsichtig sind, was die Herausgabe ihrer Referenzen, also des vorhandenen Kundenstamms, betrifft. Um sicherzugehen, dass nicht ein Konkurrent auf Umwegen Angebote einholt, um an einige Referenzadressen zu kommen, teilen einige Unternehmen die Referenzkunden oft nicht gleich im Rahmen der schriftlichen Bewerbung mit, sondern im Rahmen eines persönlichen Termins.

> Wie beurteilen Sie das Image, also die Aufmachung des Verwaltungsunternehmens (Internetseite, Aufmachung der Post etc.) ganz allgemein?

Achten Sie auf ein einigermaßen gepflegtes Erscheinungsbild der Ihnen zur Verfügung gestellten Unterlagen. Damit ist nicht gemeint, dass jedes Unternehmen mit professionellen Hochglanzprospekten aufwarten soll, dies können sich nämlich gerade die kleineren Hausverwaltungen nicht leisten. Mittels eines einfachen Computers ist man heute bereits in der Lage, ansprechende Unterlagen zu erstellen.

> Gehört das Unternehmen einem Verband an?

Die Werbung mittels Zugehörigkeit zu Fachverbänden soll in der Branche einen Wettbewerbsvorteil verschaffen. Ein Vereinslogo kann ein Gütesiegel sein, sofern das Mitglied gewisse Voraussetzungen für die Mitgliedschaft erfüllen muss. Wir empfehlen Ihnen, sich über den jeweiligen Verband und die aus der Mitgliedschaft eventuell erwachsenden Pflichten der Unternehmen zur Weiterbildung zu erkundigen – Auskunft geben hier auch die entsprechenden Internetseiten.

> Hat die Hausverwaltung ihren Geschäftssitz oder ein Büro in der Nähe Ihrer Wohnanlage?

Gemeint ist hier ein Büro im näheren Umkreis, damit der Verwalter auch im Notfall schnell zur Stelle sein kann. Ist das der Fall, kann sich dies günstig auf die Verwaltergebühren auswirken, da der Hausverwalter dann weniger Anfahrtskosten in den Preis einkalkulieren kann. Grundsätzlich gilt: Je aussagefähiger die schriftliche Bewerbung ist, desto mehr Transparenz können Sie in der Regel für die zukünftige Zusammenarbeit mit diesem Unternehmen erwarten. Sagt die schriftliche Bewerbung so gut wie nichts aus, ziehen Sie auch die Internetseite dieses Verwalters, sofern vorhanden, hinzu.

Welche dieser Bewerbungen Sie nun besser aussortieren werden sollten, hängt natürlich auch davon ab, wie viele potenzielle Verwaltungsunternehmen Ihnen in diesem Schritt der Suche noch zur Verfügung stehen. Sie sollten im Idealfall mit zwei, besser noch mit drei oder vier Unternehmen weitermachen und sich davon dann das am besten geeignete im Rahmen der Eigentümerversammlung mit Verwalterwahl zusammen mit Ihren Miteigentümern auswählen.

> Werden über den Bereich der Hausverwaltung hinaus für Sie interessante fachlich qualifizierte Serviceleistungen angeboten?

Einige Unternehmen bieten zusätzlich Immobilien-, Versicherungs-, oder weitere Services an. Auch innerhalb der Hausverwaltung können besondere Services angeboten werden, die in den Bewerbungen meistens herausgestellt werden. Hier sollten Sie solche Serviceangebote berücksichtigen und entsprechend gewichten, die für Sie von Vorteil sein könnten.

> Ist das Unternehmen schon lange am Markt?

Je länger ein Unternehmen am Markt ist, desto mehr Sicherheit haben Sie als potenzieller Kunde generell, dass es dieses Unternehmen auch noch längere Zeit geben wird und Sie sich nicht schon nach relativ kurzer Zeit wieder einen neuen Verwalter zu suchen brauchen. Außerdem verfügen ältere Firmen in aller Regel über mehr Erfahrung. Dieser Ratgeber möchte mit diesem Gesichtspunkt jedoch nicht pauschal alle jungen Unternehmen aus dem Rennen schicken, da gerade junge Unternehmer oft den Vorteil einer aktuellen fachbezogenen Ausbildung bieten und selbstverständlich genau so sehr gute Arbeit leisten können. Überprüfen Sie bitte gegebenenfalls gerade bei sehr jungen Unternehmen im Hinblick auf die jüngste Arbeitsmarktpolitik (Ich-AG-Förderungen) die Ausbildung des Verantwortlichen und bei älteren Unternehmen, ob die derzeitige Geschäftsleitung ebenso eine entsprechende Berufserfahrung in Zusammenhang mit einer entsprechenden Ausbildung vorweist.

5.2 Was Sie als Mietshauseigentümer beachten sollten

Grundsätzlich gelten für Mietshauseigentümer die gleichen Kriterien wie für Wohnungseigentümer. Der einzige Unterschied besteht in der

Unterscheidung Pauschalpreis und Stundensatz. Hier kommt es wiederum auf die Leistungen an, die Sie von diesem Verwaltungsunternehmen gerne in Anspruch nehmen möchten. Auch im Falle einer gewünschten Mietverwaltung kann zusätzlich zur Pauschale eine Bezahlung bestimmter Leistungen nach Stundensatz vorgesehen sein.

Für Mietshauseigentümer bietet sich als zusätzliches Kriterium die Kenntnis des Verwaltungsunternehmens in Sachen Mietrecht an.

5.3 Stufe 2: Checkliste für Wohnungs- und Mietshauseigentümer

Tragen Sie Ihre Ergebnisse aus dem Angebotsvergleich der angefragten Unternehmen in die nachfolgende Checkliste ein. Am besten kopieren Sie die folgende Seite und legen für jedes Unternehmen einen eigenen Bewertungsbogen an.

Unternehmen: ___________________________________

Die Bewerbung enthält folgende Inhalte:

	ja/nein	*Gewichtung*
Angabe über Pauschalpreise (aufgeschlüsselt)		
Angabe über Stundensatz für außerordentliche Tätigkeiten		
Abrechnungsmuster liegt bei		
Qualifikationen werden aufgeführt		
Angabe über Berufserfahrung		
Referenzen liegen bei oder werden angeboten		
Verbandszugehörigkeit		
Geschäftsstelle des Verwalters in der Nähe vorhanden		
Spezialservices		
Allgemeine Eindrücke der Bewerbung		
Unterlagen vermitteln Professionalität		
Aufmachung der Unterlagen		
Schreibstil, Vollständigkeit etc.		
Alter des Unternehmens		
Stufe 2: Ergebnis für dieses Unternehmen:		

6. Stufe 3: Besprechungstermine mit den Bewerbern

Wir empfehlen allen Verwaltersuchenden, bei den nach dem Sichten der schriftlichen Bewerbungen übrig gebliebenen Unternehmen separate Besprechungstermine zu vereinbaren. Damit Sie einen möglichst guten Einblick in die Verwalterarbeit bekommen, bietet es sich für diese Termine an, das Büro des Hausverwalters aufzusuchen. Die Unternehmen werden Ihnen auch Termine an der Wohnanlage vorschlagen. Dies ist legitim, aber es bringt Ihnen für Ihren persönlichen Eindruck über das Unternehmen wesentlich mehr, wenn dieser Termin in den Geschäftsräumen stattfindet. Diese Variante kostet Sie zwar etwas mehr Zeit, doch dieser Mehraufwand lohnt sich. Gegebenenfalls können Sie auch nach dem Besprechungstermin noch einmal unangemeldet „vorbeischauen".

Bitte seien Sie generell vorsichtig, wenn über andere Verwaltungsunternehmen Kommentare negativer Art bei den Besprechungsterminen oder gar im Rahmen der Eigentürmerversammlung (siehe Stufe 5) abgegeben werden. Ein Hausverwalter sollte durch seine Qualifikation und Kompetenz überzeugen und nicht durch Erzählungen über seine Konkurrenz.

> Ist der vorgesehene Ansprechpartner für Ihre Wohnanlage zu üblichen Geschäftszeiten erreichbar? Für den Fall, dass das Unternehmen mit Telefonzeiten arbeitet: Wann sind die Ansprechpartner zu erreichen? Was ist außerhalb der Telefonzeiten, z. B. in Notfällen?

Solche Details sollten an dieser Stelle und auf jeden Fall vor der Verwalterwahl geklärt werden, damit Sie wissen, wann Sie sich an Ihren Ansprechpartner wenden können. Je großzügiger diese Zeiten angesetzt sind, desto vorteilhafter ist dies für Sie als potenziellen Kunden.

> Welcher Mitarbeiter ist für die Betreuung Ihrer Wohnanlage vorgesehen? Welche Qualifikation und Berufserfahrung hat dieser?

Mit der Klärung dieser Frage umgehen Sie die Situation, gegebenenfalls mit einem Mitarbeiter mit langjähriger Erfahrung bekannt gemacht zu werden und später einem anderen Mitarbeiter „zugeteilt" zu werden, den Sie vor der Verwalterwahl nicht kennen lernen und somit beurteilen konnten. Einschränkend muss jedoch hinzugefügt werden, dass selbstverständlich auch während der Vertragslaufzeit aus unternehmenspolitischen Gründen Wechsel des Ansprechpartners stattfinden können. Auf Dauer kann diese Frage deshalb keine Sicherheit bieten.

> Wird die Buchführung sowie das Erstellen der Jahresabrechnungen und der Wirtschaftspläne von Ihnen oder einer Fremdfirma durchgeführt? (Hiervon ausgenommen ist die Erstellung der Heizkostenabrechnung.)

Für Kunden ist es – anderen Aussagen zum Trotz – ein großer Vorteil, wenn die Jahresabrechnungen direkt bei der Hausverwaltung erstellt werden. Tauchen nämlich Fragen zur Abrechnung auf, können diese meistens mit einem kurzen Anruf beim Verwalter geklärt werden. Lässt die Hausverwaltung aber die Buchführung von einer Fremdfirma erledigen, ist vor der Beantwortung der Kundenfragen ein Anruf beim Abrechnungsdienst erforderlich. Auch bei der Rechnungs- oder Belegprüfung ist die Transparenz größer. Entstehen bei Ihrem Unternehmen zusätzliche Kosten für die Umsetzung des § 35a EstG (haushaltsnahe Aufwendungen) und des § 24 Abs. 7 WEG (Führen einer Beschluss-Sammlung)? Wenn ja, wie hoch sind diese?

> Strebt die Hausverwaltung eine enge Zusammenarbeit mit dem Verwaltungsbeirat an?

Je enger die Arbeit zwischen Hausverwaltung und Verwaltungsbeirat ist, desto größer ist die Transparenz für die Kunden. Im Fall einer engen Zusammenarbeit erhalten die Verwaltungsbeiräte eine Vielzahl von Informationen auch während eines laufenden Jahres. Aus Verwaltersicht ist es von Vorteil, wenn ein steter guter Kontakt zu Personen besteht, die in der Wohnanlage dauerhaft wohnen. Die Voraussetzung ist selbstverständlich, dass sich in den Reihen der Wohnungseigentümer geeignete Personen finden, die dieses Amt bekleiden möchten.

> Führt die Hausverwaltung Belegprüfungen durch?

Die Durchführung einer Belegprüfung, auch Rechnungsprüfung genannt, sollte vor dem Versand der Abrechnung und der Einladung der Eigentümerversammlung obligatorisch sein, es sei denn, es finden sich keine Wohnungseigentümer, die bereit sind, die Belegprüfung durchzuführen. Bitte fragen Sie in diesem Zuge nach, auf welche Weise die Rechnungsprüfung erfolgt. Idealerweise sollte die Belegprüfung im Büro der Hausverwaltung stattfinden und die Person, die die Abrechnung erstellt hat, sollte die Fragen zur Abrechnung beantworten. Manche Unternehmen geben die Unterlagen auch direkt an die Rechnungsprüfer heraus, damit die Prüfung zu Hause stattfinden kann. Aber auch dann sollte ein Besprechungstermin stattfinden, damit eventuelle Fragen direkt mit der zuständigen Person geklärt werden können.

Weigert sich ein Verwalter generell, Belegprüfungen durchzuführen oder fallen dafür gar gesonderte Gebühren an, ist Vorsicht geboten. Auch im Falle einer Mietverwaltung sind Belegprüfungen vor dem Versand der Mieterabrechnung denkbar, jedoch eher unüblich.

> Können die Unterlagen der Wohnanlage nach Voranmeldung eingesehen werden?

Diese Frage sollte obligatorisch mit „Ja“ beantwortet werden, da Sie als Kunde und Miteigentümer das Recht dazu haben. Bei einer anderen Antwort ist Vorsicht geboten.

> Hat Ihr Unternehmen Erfahrungen mit Beweissicherungsverfahren sowie Sanierungen und Renovierungen und arbeiten Sie mit Bauverträgen?

Gerichtliche Beweissicherungsverfahren sind gegebenenfalls bei Neubauwohnanlagen durchzuführen, wenn der Bauträger gravierende Mängel nicht beseitigt. Sanierungen und Renovierungen treffen auf eher ältere Wohnanlagen zu. Da jede Wohnanlage einmal in eine solche Situation kommen kann, sind Erfahrungen mit dem Einsatz von Bauverträgen sowie der Durchführung von Beweissicherungsverfahren für die Eigentümergemeinschaft von Vorteil, da diese Themen gewisse rechtliche Kenntnisse des Verwalters erfordern. Damit ist nicht gemeint, dass der Verwalter die Funktion eines Rechtsanwaltes der Eigentümergemeinschaft übernehmen soll. Diese Kenntnisse sind auch für die Kommunikation und Zusammenarbeit von Rechtsanwälten erforderlich.

> Können Sie uns Referenzkunden und Referenzobjekte benennen? Dürfen wir einige Kunden anrufen und Wohnanlagen von außen ansehen?

Wenn das Unternehmen ernsthaft daran interessiert ist, für Sie tätig zu werden, erhalten Sie spätestens im Rahmen des Besprechungstermins die Referenzunterlagen. Am vorteilhaftesten ist es, wenn eines der Referenzobjekte in der Nähe Ihrer Wohnanlage liegt – dann können Sie ohne großen Zeitaufwand eine kurze Objektbesichtigung vornehmen.

> Wie werden bei Ihnen wichtige Dinge wie Sparbücher, ggf. Handwerkerbürgschaften der Wohnanlage, Sicherungskarten für die Schließanlage und die Schlüssel der Wohnanlage aufbewahrt?

Diese Unterlagen sollten aus Sicherheitsgründen normalerweise nicht frei zugänglich aufbewahrt werden. Schlüssel sollten nicht mit der Adresse des Objekts beschriftet werden. Ideal sind verschlossene

Stahlschränke oder Tresore. Sicherlich gibt man Ihnen auf diese Frage gerne und freundlich Auskunft. Erhalten Sie nur eine vage Antwort besteht die Möglichkeit, dass die Aufbewahrung dieser wichtigen Unterlagen nicht sicher genug sein könnte.

6.1 Unterlagen zur Einsichtnahme

Falls Sie zusammen mit der Bewerbung des Unternehmens noch kein Abrechnungsmuster erhalten haben, fragen Sie bitte danach. Vorzugsweise wird Ihnen ein neutrales Muster ausgehändigt, welches Sie mitnehmen können. Ist dieses Muster für Sie auf den ersten Blick nicht übersichtlich, lassen Sie sich dieses bitte im Rahmen des Besprechungstermins erläutern.

Haben Sie bei dieser Hausverwaltung ein gutes Gefühl, lassen Sie sich ein Muster des Verwaltervertrags geben, welches Sie später in Ruhe anhand des Kapitels „Tipps zur Vertragsgestaltung“ prüfen können. Idealerweise fertigt das Unternehmen speziell für Ihre Wohnanlage gleich einen Vertragsentwurf an.

Fragen Sie, ob Sie die Unterlagen einer beliebigen Wohnanlage kurz in Augenschein nehmen dürfen. Normalerweise wird man Ihnen dieses Anliegen nicht verwehren, allerdings wird man Ihnen aus datenschutzrechtlichen Gründen die Ordner nicht für längere Zeit zur Verfügung stellen. Prüfen Sie nur kurz: Sind die wichtigen Unterlagen wie Teilungserklärung, Versammlungsprotokolle und Versicherungspolicen griffbereit? Sind die Unterlagen in einem guten Zustand und übersichtlich sortiert? Aus diesen Parametern können Sie weitgehend ableiten, ob das Unternehmen ordentlich arbeitet. Auf diesen Punkt sollten Sie Wert legen!

6.2 Darauf sollten Sie auch noch achten

Sehen Sie sich in den Geschäftsräumen der Hausverwaltung um, soweit es Ihnen möglich ist. Macht alles einen ordentlichen Eindruck?

Sind die Mitarbeiter freundlich und werden Sie zuvorkommend behandelt? Am besten notieren Sie sich diese Eindrücke kurz, um später Vergleiche ziehen zu können, wenn Sie alle Besprechungstermine durchgeführt haben.

6.3 Stufe 3: Fragenkatalog und Checkliste für Wohnungs- und Mietshauseigentümer

Unternehmen:____

Fragenkatalog für den Besprechungstermin:

> Ist der vorgesehene Ansprechpartner für Ihre Wohnanlage zu üblichen Geschäftszeiten erreichbar? Für den Fall, dass das Unternehmen mit Telefonzeiten arbeitet: Wann sind die Ansprechpartner zu erreichen?
> Welcher Mitarbeiter ist für die Betreuung Ihrer Wohnanlage vorgesehen? Welche Qualifikation und Berufserfahrung hat dieser?
> Strebt die Hausverwaltung eine enge Zusammenarbeit mit dem Verwaltungsbeirat an? (Diese Frage gilt nicht für Mietshauseigentümer).
> Führt die Hausverwaltung Belegprüfungen durch?
> Können die Unterlagen der Wohnanlage nach Voranmeldung eingesehen werden?
> Verfügt das Unternehmen über Erfahrung mit Beweissicherungsverfahren, Sanierungen/Renovierungen und Bauverträgen?
> Fragen Sie nach Referenzobjekten, die mit Ihrer Wohnanlage möglichst vergleichbar sind und nach Referenzkunden, die Sie anrufen können.
> Wie werden bei der Hausverwaltung wichtige Unterlagen wie Sparbücher und Bürgschaften der Wohnanlage, Sicherungskarten für die Schließanlage und die Schlüssel der Wohnanlage aufbewahrt?

Stufe 3: Besprechungstermine mit den Bewerbern

Checkliste: Hausverwaltung:___________________________

	ja/nein, bzw.gut/ weniger gut	Gewichtung
Erreichbarkeit des Ansprechpartners		
Qualifikation / Erfahrung des Ansprechpartners		
Buchführung und Abrechnungen im Haus		
keine zusätzlichen Kosten für § 34a EstG und §24 Abs. 7 WEG		
Abrechnung nachvollziehbar		
Zusammenarbeit mit Verwaltungsbeirat		
Belegprüfungen werden durchgeführt		
Einsichtnahme in Unterlagen möglich		
Referenzobjekte problemlos benannt		
Aufbewahrung wichtiger Unterlageng		
Vertragsmuster erhalten		
Unterlagen gesichtet u. in Ordnung		
Geschäftsräume ordentlich		
freundliche Mitarbeiter		
zuvorkommende Behandlung		
Stufe 3: Ergebnis für dieses Unternehmen		

7. Stufe 4: Prüfen der Referenzen

Sicherlich werden Sie spätestens im Rahmen der Besprechungstermine von den interessierten Verwaltungsunternehmen einige Adressen von Wohnanlagen sowie Telefonnummern von Personen erhalten haben, die bereits Kunden der Unternehmen sind. Sie haben nun die Möglichkeit, die Wohnanlagen kurz in Augenschein zu nehmen und die Referenzkunden anzurufen. Nutzen Sie bitte vor allem die Möglichkeit, die anderen Kunden der Unternehmen kurz zu befragen, da Sie auf diese Weise sehr wertvolle Informationen erhalten können.

7.1 Darauf sollten Sie bei der Besichtigung von Referenzwohnanlagen achten

Beginnen Sie am besten mit dem Besichtigen von Referenzobjekten. Selbstverständlich können Sie diese Besichtigung nicht im Detail vornehmen, da es sich meistens um Privatgrundstücke handelt. Werfen Sie einen Blick auf die Objekte und beurteilen Sie, soweit möglich, folgendes:

> Ist das Erscheinungsbild der Wohnanlage allgemein gepflegt?

Hier spielt hauptsächlich Ihr subjektiver Eindruck eine Rolle. Berücksichtigen Sie bitte Jahreszeit und Witterungseinflüsse. Ist beispielsweise kurz nach einem Sturm noch kein Laub gekehrt, lässt dies sicherlich nicht auf eine weniger gute Verwaltungsarbeit schließen. Beachten Sie bitte besonders die Klingel- und Briefkastenanlage. Ist diese sauber und ansprechend einheitlich beschriftet? Die Klingel- und Briefkastenanlage stellt für Dritte und auch Kaufinteressenten die Visitenkarte eines Hauses dar.

> Ist das Treppenhaus gepflegt?

Sofern Sie die Möglichkeit haben, einen Blick in ein Treppenhaus zu werfen, beurteilen Sie bitte, ob der Treppenhausfarbanstrich sowie die Reinigung in Ordnung sind. Lassen Sie die Beurteilung der Treppenhäuser am besten in Ihre Beurteilung des Erscheinungsbildes mit einfließen, da Sie nicht bei jedem Referenzobjekt Einsicht in das Treppenhaus nehmen können.

> Befinden sich die Außenanlagen in einem guten Zustand?

Beurteilen Sie hier beispielsweise die um die Eingangsbereiche gesetzten Pflanzen. Herrscht hier Wildwuchs? Ist der Rasen gemäht, ist Schnee geräumt und wurde gegen Glatteis gestreut? Bitte beachten Sie, dass hier gegebenenfalls die Rasenflächen von den Bewohnern selbst gepflegt werden müssen, sofern sich diese im Sondernutzungsrecht befinden. Dies ist meistens so, wenn Gartenanteile abgetrennt sind.

> Hat diese Wohnanlage keinen sichtbaren Reparaturstau?

Sehen Sie sich kurz die Malerarbeiten an Fassade und Holz sowie die Eingangsüberdachungen und Grundstückseinfriedungen an. Sind im Eingangsbereich keine Trittplatten locker? Sind die Holzteile in einem offensichtlich guten Zustand?

Grundsätzlich gilt: Bitte notieren Sie sich Ihre Eindrücke je Objekt kurz, damit Sie später noch wissen, was Sie an welcher Wohnanlage feststellen konnten!

7.2 Fragen für das Gespräch mit Referenzkunden

> Wie lange wird Ihre Wohnanlage schon durch das Unternehmen betreut?

Die Antwort auf diese Frage verschafft Ihnen einen ersten Eindruck von dieser Referenz. Je länger der Referenzkunde schon durch das Unternehmen betreut wird, desto genauer weiß dieser, wovon er spricht und kann die Zusammenarbeit mit der Hausverwaltung auch über eine längere Zeitspanne beurteilen.

> Wird diese Wohnanlage durch einen Hausmeister betreut oder kümmern sich die Bewohner selbst um diese Arbeiten?

Dieser Gesichtspunkt ist eine wichtige Ergänzung zu Ihrer bereits erfolgen Objektbesichtigung. Wenn nämlich die Außenanlagen und das Treppenhaus nicht besonders gepflegt aussehen und die Hausbewohner selbst dafür verantwortlich sind, kann ein Verwaltungsunternehmen nicht im gleichen Maße auf ordentliche Arbeitsausführung drängen wie beispielsweise bei einer selbstständigen Hausmeisterfirma. Berücksichtigen Sie bitte den jeweiligen Umstand bei Ihrer punktebezogenen Bewertung!

> Wie hält es das Unternehmen mit der Kundenberatung? Kann dort jederzeit angerufen werden und erhält man freundliche und kompetente Beratung?

Diese Punkte sind wichtig, da in jedem Objekt einmal Ausnahmesituationen eintreten können und Sie als Wohnungseigentümer oder Eigentümer eines Mietshauses dann auf die Hausverwaltung als so genannte erste Informationsquelle angewiesen sind.

> Werden die Eigentümer regelmäßig über „Spezialfälle" informiert?

Damit ist der Informationsfluss während Baumängel-, Renovierungsphasen und Streitigkeiten gemeint. Geschieht dies von selbst oder nur nach Aufforderung? Je mehr Informationen die Hausverwaltung ohne Aufforderung herausgibt, desto transparenter arbeitet das Unternehmen. Fragen Sie in diesem Zuge zusätzlich, ob sich dieser Kunde im Verwaltungsbeirat befindet. Wenn ja, lassen Sie sich am besten etwas über die allgemeine Zusammenarbeit der Verwaltung mit dem Beirat erzählen. So können Sie die Aussagen der Unternehmen ein wenig überprüfen.

> Rechnet das Unternehmen wenig Leistungen über den Stundensatz ab?

Diese Frage wird Ihnen Ihr Gegenüber in der Regel nur beantworten können, wenn der Kunde regelmäßig an den Rechnungsprüfungen teilnimmt. Bitte fragen Sie in diesem Zusammenhang auch, ob in Zeiten von Mehraufwendungen Streitigkeiten oder Sanierungsmaßnahmen anhängig waren.

> Wie handhabt das Unternehmen Gebührenerhöhungen für die Verwalterleistungen?

Diese Fragen kann Ihnen ein Referenzkunde am objektivsten beantworten. Sehr positiv ist es, wenn die Wohnungseigentümergemeinschaften vor einer Preiserhöhung jedes Mal im Rahmen einer Eigentümerversammlung darüber abstimmen können. Dann bleibt die nötige Transparenz gewahrt und die Wohnungseigentümer haben auch die Möglichkeit, eine Forderung abzulehnen oder darüber zu verhandeln.

> Wie sind Sie ganz allgemein zufrieden?

Lassen Sie an dieser Stelle Ihren Gesprächspartner selbst erzählen und notieren Sie sich wichtige Punkte mit.

> Können Sie uns diese Hausverwaltung empfehlen?

Wenn Sie hier ein „Ja“ hören und auch sonst einen guten Eindruck des Unternehmens gewonnen haben, sollten Sie diese Verwaltung zur Präsentation im Rahmen der Eigentümerversammlung einzuladen. Bitte setzen Sie die Kandidaten so bald wie möglich von diesem Termin in Kenntnis – dazu genügt ein kurzer Anruf.

7.3 Stufe 4: Fragenkatalog und Checkliste für Wohnungseigentümer

Unternehmen: ________________________________

Fragenkatalog für die Telefonate:

> Wie lange wird Ihre Wohnanlage schon durch das Unternehmen betreut?

> Wird diese Wohnanlage durch einen Hausmeister betreut oder kümmern sich die Bewohner selbst um diese Arbeiten?

> Wie hält es das Unternehmen mit der Kundenberatung? Kann dort jederzeit angerufen werden und erhält man freundliche und kompetente Beratung?

> Werden die Eigentümer regelmäßig über „Spezialfälle“ informiert?

> Rechnet das Unternehmen wenig Leistungen über den Stundensatz ab?

> Können die Eigentümer über Preiserhöhungen abstimmen?

> Wie sind Sie ganz allgemein zufrieden?

> Können Sie uns diese Hausverwaltung empfehlen?

Stufe 4: Prüfen der Referenzen

Checkliste:

Objektbesichtigungen:	*ja/nein*	*Gewichtung*
Gepflegtes Erscheinungsbild der Wohnanlage		
Außenanlagen allgemein in gutem Zustand		
Reparaturstau konnte nicht festgestellt werden		

Gespräch mit Referenzkunden:	*ja/nein*	*Gewichtung*
Lange Betreuung durch das Unternehmen		
Zufrieden mit Beratung		
Informationsfluss in Ordnung		
Abrechnungsverhalten über Stundensatz		
Allgemeine Zufriedenheit		
Kann Verwaltung weiterempfehlen		
Eigentümer werden vor Gebühren-erhöhung gefragt		
Stufe 4: Ergebnis für dieses Unternehmen:		

8. Stufe 5: Die Bewerber bei der Eigentümerversammlung

Jetzt wird es ernst für die Wohnungseigentümergemeinschaft: Die engere Auswahl der Kandidaten ist nun zur Eigentümerversammlung geladen und hat damit die Möglichkeit, die Wohnungseigentümer durch eine Präsentation zu überzeugen. Im Anschluss an die Präsentation sollten die Eigentümer die Möglichkeit haben, ergänzende Fragen zu stellen.

Sollten Sie sich in der Situation befinden, mehr als drei Unternehmen zur Eigentümerversammlung einladen zu können, sollten Sie die Zeit für die Präsentationen, also die reine Sprechzeit der Kandidaten, begrenzen und den Bewerbern dies vorher mitteilen. Hier bietet sich ein Zeitrahmen von zehn bis zwölf Minuten an. Selbstverständlich sollten die Unternehmen jeweils einzeln vorsprechen dürfen. Wir empfehlen Ihnen, nicht mehr als maximal vier Unternehmen einzuladen, damit unter den Reihen der Eigentümer keine Verwirrung entsteht.

Das Punkteergebnis nach den in diesem Ratgeber vorgestellten Checklisten soll Sie lediglich bei Ihrer Entscheidungsfindung unterstützen und nicht bevormunden. Selbst wenn Ihre Entscheidung auf einen Verwalter fällt, der nicht das höchste Punkteergebnis aufweist, so haben Sie mit diesem Ratgeber genügend Einblick erhalten, dass Sie die für Sie richtige Entscheidung treffen und Ihre Miteigentümer entsprechend beraten können.

8.1 Der organisatorische Ablauf der Verwalterwahl sowie Tipps zur Vorbereitung

Falls Sie Einfluss auf den Versammlungsort haben, sollte diese möglichst an einem neutralen Ort durchgeführt werden. Hier bieten sich hervorragend Nebenzimmer von Gaststätten an, die vielerorts kostenfrei zu buchen sind, sofern sich in der Wohnanlage kein geeigneter Raum für Versammlungen befindet. Bitte verzichten auf besonders beengte Verhältnisse wie z. B. kleine Räume oder Hausflure, da diese wiederum auf die Bewerber keinen guten Eindruck machen.

Der amtierende Hausverwalter wird die Eigentümerversammlung ganz normal eröffnen und die Beschlussfähigkeit feststellen. Falls die Verwalterwahl nicht direkt nach diesem Tagesordnungspunkt angesetzt wurde, sollten Sie den Antrag stellen, den Punkt Verwalterwahl direkt nach der Begrüßung abzuhandeln. Zu diesem Zeitpunkt sollte ein Vertreter der Eigentümergemeinschaft den Vorsitz der Versammlung übernehmen. Der amtierende Hausverwalter kann diesem Tagesordnungspunkt entweder als stiller Zuhörer beiwohnen oder auch den Raum verlassen, dies können Sie notfalls auch verlangen. Sollte sich der Vorverwalter erneut um das Amt der Hausverwaltung bewerben, sollte er in jedem Fall draußen warten.

Teilen Sie vorab möglichst ein kurzes Memo aus, welches Ihren Miteigentümern, die nicht direkt in die Suche nach einer neuen Hausverwaltung involviert sind, einen Überblick über die Eckdaten der eingeladenen Hausverwalter verschafft und erläutern Sie kurz, wie Sie die Vorauswahl der Unternehmen getroffen haben.

Beispiel für ein solches Memo:

Vergleich der Hausverwaltungsunternehmen

Sehr geehrte Miteigentümer,
mit den zu dieser Versammlung eingeladenen Hausverwaltern habe(n) ich/wir so objektiv wie möglich Besprechungstermine durchgeführt, Referenzwohnanlagen besichtigt sowie Kunden der Unternehmen befragt. Alle haben bei mir/uns einen guten Eindruck hinterlassen. Anschließend habe(n) ich/wir mittels Punktesystem eine Bewertung durchgeführt.

Als Entscheidungshilfe für Sie haben wir die jeweiligen Eckdaten vorbereitet. Bitte beziehen Sie diese Daten zusätzlich zur Präsentation in Ihre Entscheidung ein, herzlichen Dank!

	Unternehmen 1
verwaltet vor Ort	ja/nein
Gründungsjahr	1995
nächste Geschäftsstelle	vor Ort
Berufserfahrung Bearbeiter	10 Jahre
Ausbildung/Titel	Jurist
Erreichbarkeit	ganztägig
Verwalterpauschale	EUR
Stundensatz für außerordenliche Verwaltertätigkeiten	EUR
Transparenz/Kontrolle	gut
Buchhaltung im Haus	ja
Beurteilung durch Referenzkunden	sehr gut
Punktebewertung bisher	**Platz 1**

	Unternehmen 2
verwaltet vor Ort	ja/nein
Gründungsjahr	1965
nächste Geschäftsstelle	München
Berufserfahrung Bearbeiter	2 Jahre
Ausbildung/Titel	Bürokaufmann
Erreichbarkeit	vormittags
Verwalterpauschale	EUR
Stundensatz für außerordenliche Verwaltertätigkeiten	EUR
Transparenz/Kontrolle	gut
Buchhaltung im Haus	nein
Beurteilung durch Referenzkunden	gut
Punktebewertung bisher	**Platz 3**

	Unternehmen 3
verwaltet vor Ort	ja/nein
Gründungsjahr	2000
nächste Geschäftsstelle	Köln
Berufserfahrung Bearbeiter	20 Jahre
Ausbildung/Titel	Immobilienfachwirt
Erreichbarkeit	von 9 - 12 Uhr
Verwalterpauschale	EUR
Stundensatz für außerordenliche Verwaltertätigkeiten	EUR
Transparenz/Kontrolle	sehr gut
Buchhaltung im Haus	ja
Beurteilung durch Referenzkunden	gut
Punktebewertung bisher	**Platz 2**

Geben Sie Ihren Miteigentümern die Gelegenheit, sich das Memo einige Minuten lang anzusehen. Danach sollten Sie die Bewerber einzeln nach Unternehmen hereinholen. Es empfiehlt sich, die Reihenfolge der Kandidaten vor der Versammlung abzustimmen und diese auch um ca. 15 Minuten zeitversetzt einzuladen.

Lassen Sie nun die Bewerber ihre Vorträge halten und stellen Sie noch die nachfolgend beschriebenen Fragen. Die Verfasser dieses Ratgebers haben die nachstehenden Fragen bewusst an dieser Stelle platziert, da Sie nach der Präsentation eine sehr gute Möglichkeit haben, die Bewerber mit gewissen Thematiken zu konfrontieren. Je besser und gewandter ein Bewerber die Situation meistert, desto vorteilhafter. Bitte lassen Sie sich aber nicht durch gute Rhetorik blenden, sondern bewerten Sie möglichst den inhaltlichen Gehalt der Antworten auf Ihre Fragen!

Zu Ihrer Vorbereitung sollten Sie die bisherigen Ergebnisse der einzelnen Unternehmen parat haben, damit Sie die letzten Fragen rasch auswerten und das Gesamtergebnis ermitteln können. Das Ergebnis verschafft Ihnen die Möglichkeit zur schnellen Beurteilung, welches Unternehmen nun am besten für die Verwaltung Ihrer Wohnanlage geeignet ist. Lassen Sie aber bitte Ihr „Bauchgefühl" und Ihre persönliche Sympathie für die Verwalter nicht außer acht!

Wenn sich alle Hausverwaltungen präsentiert haben, empfehlen wir Ihnen, der Eigentümergemeinschaft nochmals Gelegenheit zur Diskussion zu geben, bevor es zur Abstimmung kommt. Diese geschieht selbstverständlich in Abwesenheit der Kandidaten. Machen Sie an dieser Stelle die letzte Punktebewertung und teilen Sie Ihren Miteigentümer das Gesamtergebnis mit, welches in einer freien Zeile auf dem Memo notiert werden kann. Wir empfehlen Ihnen, eine geheime Wahl durchzuführen, damit sich alle Wohnungseigentümer ohne Gruppenzwang für ein Unternehmen entscheiden können. Geben Sie hierzu am besten vorbereitete Stimmzettel aus, die Sie nach folgendem Muster anfertigen können:

Stimmzettel

Miteigentumsanteile:

Bitte ankreuzen:
Unternehmen 1 (namentlich erwähnen) ❑
Unternehmen 2 (namentlich erwähnen) ❑
Unternehmen 3 (namentlich erwähnen) ❑

Hinweis: Die Angabe der Miteigentumsanteile ist sehr wichtig, wenn die Eigentümergemeinschaft nach Miteigentumsanteilen abstimmt, was in den meisten Fällen der Fall ist. Dies können Sie der Gemeinschaftsordnung entnehmen.

Bitte zählen Sie die Stimmen, bzw. Miteigentumsanteile direkt nach der Abstimmung aus. Es kann nämlich durchaus sein, dass noch eine

Stichwahl erforderlich sein wird. Diese können Sie entweder geheim oder offen per Handzeichen durchführen. Heben Sie die Unterlagen zu diesen Wahlen (Stimmzettel und Ihre Notizen) bitte auf jeden Fall auch nach der Protokollierung als Nachweis für die Stimmenauszählung auf.

8.2 Fragen für die Bewerber im Rahmen der Eigentümerversammlung

< Haben Sie gute Verbindungen zu ortsnahen Handwerkern und Hausmeistern? Kann die Eigentümergemeinschaft mit rascher Notfallhilfe rechnen?

Dies ist ein sehr wichtiger Punkt, da es in jeder Region Handwerksunternehmen und Hausverwalter geben kann, die nicht gut zusammenarbeiten. Ohne gute Verbindungen zu ortsansässigen Handwerksbetrieben bringt aber einer Eigentümergemeinschaft die beste Hausverwaltung nur sehr wenig. Lassen Sie sich ruhig Beispielunternehmen aus der Region nennen!

> Arbeiten Sie mit modernen Computersystemen und Software, die auch bei rechtlichen Änderungen z. B. bei Abrechnungen auf dem neuesten Stand ist?

Wenn es sich um ein kleineres Unternehmen handelt, ist sicherlich nichts dagegen einzuwenden, wenn die Abrechnungen alle einzeln berechnet und getippt werden, beispielsweise auch teilautomatisiert über entsprechende Software. Es bietet aber für die Wohnungseigentümer gewisse Vorteile, wenn eine stets aktuelle Software vorhanden ist, da die Unternehmen so in den meisten Fällen rascher arbeiten können – beispielsweise ist die Jahresabrechnung schneller beim Kunden und ein schnellerer Datenzugriff ist möglich. Ein solches wirklich gutes Softwarepaket müssen die Verwalter teuer bezahlen, aus diesem Grund ist es leider noch nicht Standard in der Branche.

> Wie hoch ist die Vermögensschadenhaftpflichtversicherung Ihres Unternehmens?

Diese Frage müsste jeder Bewerber sofort beantworten können, ohne in Unterlagen nachzublättern. Das Vorhandensein einer solchen Versicherung ist außerordentlich wichtig. Auch der besten Hausverwaltung kann einmal ein Fehler bei der Arbeit passieren, der für die Eigentümergemeinschaft teuer werden kann. In diesem Fall springt die Vermögensschadenhaftpflichtversicherung ein, sofern in ausreichendem Umfang vorhanden. Eine solche Versicherung ist für die Unternehmen eine sehr kostspielige Angelegenheit und richtet sich in der Höhe auch nach den insgesamt verwalteten Wohneinheiten, weshalb die Versicherungssummen unterschiedlich hoch sind. Bitte lassen Sie auf jeden Fall Vorsicht walten, wenn der Bewerber auf diese Frage nicht antworten kann oder nur eine sehr geringe Haftpflichtsumme bei angeblich großer Anzahl verwalteter Wohneinheiten verweist!

> Wenn der Verwalter (in Person) schon älter ist: Wie ist die Nachfolge geregelt?

Sicherlich macht es Sinn, einem älteren und erfahrenen Hausverwalter Ihre Wohnanlage anzuvertrauen. Aber um dem vorzubeugen, dass Sie sich nach relativ kurzer Zeit erneut nach einem Verwalter umsehen müssen oder als „Bestand" einfach an ein anderes Unternehmen weitergegeben werden, sollten Sie sich nach der Nachfolge im Unternehmen erkundigen. Steht der Nachfolger bereits fest, erkundigen Sie sich auch nach Qualifikation und Berufserfahrung.

> Wie hoch sind die Gebühren für die Erstellung der letzten Jahresabrechnung, falls sich der Vorverwalter weigert, diese zu erstellen?

In der Praxis kommt es öfters vor, dass sich die Vorverwalter weigern, die Jahresabrechnung zu erstellen. Abgerechnet werden muss aber selbstverständlich trotzdem, und das möglichst zeitnah. Ein Verfahren mit dem Vorverwalter anzustrengen, ist in den allermeisten Fällen viel zu zeitraubend und zu teuer. In der Regel wird Ihnen Ihr neuer Verwalter sehr gerne behilflich sein. Klären Sie aber bitte unbedingt ab, wie teuer diese zusätzliche Dienstleistung für die Eigentümergemeinschaft sein wird.

> Wie wird die Instandhaltungsrücklage üblicherweise angelegt?

Lassen Sie sich an dieser Stelle bitte nicht von hohen Renditeversprechungen täuschen, auch wenn sich diese noch so verlockend anhören. Es ist allgemein bekannt, dass die Anlageformen mit höherem Risiko auch höhere Renditen bringen. Aber eine Instandhaltungsrücklage ist immer mündelsicher anzulegen, also auf jeden Fall ohne Kapitalrisiko. Ferner ist eine Sparform notwendig, mittels derer ein rascher Zugriff auf die Rücklage gewährt ist. Diese Sicherheit wird meistens durch ein Sparbuch erreicht, auch wenn dieses sehr wenig Zinsen bringt. Fragen Sie an diesem Punkt weiter, ob die Hausbank des Bewerbers diesem Unternehmen Spezialkonditionen für Rücklagensparbücher einräumt. Dies kann bei größeren Verwaltungen mit einer Fülle von Rücklagenkonten durchaus der Fall und für die Kunden von Vorteil sein.

Falls das Unternehmen viele Wohnanlagen in dieser Region verwaltet, könnten in vielerlei Hinsicht Vorteile für die Wohnungseigentümergemeinschaft entstehen, beispielsweise durch Sammelbestellungen bei Heizölkauf oder Preisvorteile bei Handwerkern. Fragen Sie ruhig danach!

8.3 Die Objektbesichtigung mit den Bewerbern für Mietshauseigentümer

Wenn Sie Eigentümer eines Mietshauses sind, können Sie selbstverständlich Ihre Kandidaten nicht zu einer Eigentümerversammlung einladen. Stattdessen haben Sie die Möglichkeit, diese zu einer etwa halbstündigen Objektbesichtigung einzuladen und die Fragen aus der

Stufe fünf zu stellen, die selbstverständlich für Mietshauseigentümer ebenso relevant sind, sowie die nachstehend aufgeführten zusätzlichen Fragen. Bei dieser Gelegenheit können Sie sich noch ein genaueres Bild über die Arbeitsweise der Unternehmen verschaffen.

Stellen Sie zusätzlich zu den oben aufgeführten bitte folgende Fragen:

> Wann erstellen Sie jeweils die Nebenkostenabrechnungen für die Mieter?

Es ist sehr wichtig, dass die Abrechnungen, die das Vorjahr betreffen, bis zum Jahresende erstellt und an die Mieter weitergegeben werden, da ältere Ansprüche den Mietern gegenüber in der Regel nicht mehr geltend gemacht werden können.

> Welche Möglichkeiten schöpfen Sie bei hohen Nebenkostennachzahlungen und Außenständen aus?

Wie Sie als Vermieter sicherlich wissen, können in Einzelfällen bei hohem Verbrauch sehr hohe Nebenkostennachzahlungen der Mieter entstehen. Hier können Sie sich einen Eindruck verschaffen wenn Sie wissen, wie ein Unternehmen in einem solchen Fall vorgeht. In letzter Konsequenz wird wohl jedes Unternehmen einen Rechtsanwalt einschalten müssen. Jedoch besteht vor diesem Schritt die Möglichkeit, beispielsweise durch Besprechungstermine mit den Mietparteien und eventuellen Ratenzahlungsvereinbarungen, zu versuchen, kostengünstig zu wirtschaften. Fragen Sie in diesem Zuge auch, ob die Hauseigentümer in solchen Fällen grundsätzlich informiert werden.

> Wie werden Mieterhöhungen gehandhabt?

Damit Sie als Mietshauseigentümer stets die beste Rendite erzielen, sollen die Mieterhöhungsmöglichkeiten bis zur ortsüblichen Vergleichsmiete regelmäßig überprüft werden. In diesem Zusammenhang ist es wichtig, dass der Hausverwalter einen Einblick in die ortsüblichen Mietzinsverhältnisse hat. Sofern im Mietvertrag nichts über die Mieterhöhungen geregelt ist (Staffelmiete etc.), müssen nämlich ortsübliche Vergleichsmieten für die Mieterhöhungsverlangen herangezogen werden.

8.4 Fragenkatalog und Checkliste

Unternehmen__________________________

Fragenkatalog für die Eigentümerversammlung:

- Haben Sie gute Verbindungen zu ortsnahen Handwerkern und Hausmeistern? Kann die Eigentümergemeinschaft mit rascher Notfallhilfe rechnen?
- Arbeiten Sie mit modernen Computersystemen und Software, die auch bei rechtlichen Änderungen z. B. bei Abrechnungen auf dem neuesten Stand ist?
- Wie hoch ist die Vermögensschadenhaftpflichtversicherung Ihres Unternehmens?
- Bei Bedarf: Wie ist die Nachfolge geregelt?
- Wie hoch sind die Gebühren für die Erstellung der letzten Jahresabrechnung, falls sich der Vorverwalter weigert, diese zu erstellen?
- Wie wird die Instandhaltungsrücklage üblicherweise angelegt?

Zusätzliche Fragen für Mietshauseigentümer:

- Wann erstellen Sie jeweils die Nebenkostenabrechnungen für die Mieter?
- Welche Möglichkeiten schöpfen Sie bei hohen Nebenkostennachzahlungen und Außenständen aus?
- Wie werden Mieterhöhungen gehandhabt?

Checkliste:

	ja/nein	Gewichtung
Verbindungen zu Hausmeistern und Handwerkern		
aktuelle Hausverwaltersoftware vorhanden		
Vermögensschadenhaftpflichtversicherung vorhanden		
Vorjahresabrechnung ggf. zum fairen Preis machbar		
Vernünftige Anlageform für Instandhaltungsrücklagen		
Persönliche Sympathie und „Bauchgefühl“		

	ja/nein	Gewichtung
zusätzlich für Mietshauseigentümer: Die Abrechnungen werden den Mietern fristgerecht ausgehändigt		
Verfolgung derNebenkostennach-zahlungen und Außenstände		
Überprüfung der Mieterhöhungsmöglich-keiten		
Stufe 5: Ergebnis für dieses Unternehmen		
Punkteergebnis der Stufen 1-4		
Gesamtergebnis für dieses Unternehmen		

8.5 Das korrekte Protokoll über die Verwalterwahl

Die Bestellung, also die Wahl einer Hausverwaltung, erfolgt wie bereits beschrieben normalerweise durch die Wohnungseigentümer im Rahmen einer Eigentümerversammlung. Selbstverständlich ist es nicht zwingend notwendig, dass sich die Verwaltungsunternehmen auch auf der gleichen Versammlung bei den Eigentümern vorstellen. Diese Vorgehensweise ist aber sehr zu empfehlen.

Wie jeder Mehrheitsbeschluss muss auch die Verwalterbestellung in eine Niederschrift oder Protokoll der Eigentümerversammlung aufgenommen werden. Bitte achten Sie darauf, dass die Wohnungseigentümergemeinschaft diesen Beschluss möglichst eindeutig fasst und dass er eindeutig protokolliert wird. Dieses Protokoll ist nämlich für Ihren neuen Hausverwalter außerordentlich wichtig. Es klang bereits an, dass ohne ordnungsgemäß erstelltes und notariell beglaubigtes Protokoll zum Teil erhebliche Probleme entstehen können. Dies kann vor allem so sein, wenn in Ihrer Teilungserklärung geregelt ist, dass der Verwalter seine Zustimmung zu Veräußerungen geben muss. Dies ist zwar nur eine Formsache, jedoch erkennen die Grundbuchämter den Verwaltervertrag alleine oft nicht an und benötigen ein ordnungsgemäßes Beschlussprotokoll.

Dieses Protokoll sollte unbedingt enthalten:

> die eindeutige Bezeichnung des Verwaltungsunternehmens nebst zumindest einer Erwähnung des Geschäftsführers

> die Laufzeit der Verwalterbestellung (maximal fünf Jahre) mit eindeutiger Datumsangabe von ... bis ...

> obligatorisch sollten selbstverständlich die Stimmen korrekt ausgezählt werden

Darüber hinaus ist es auch sehr sinnvoll, wenn auch für Behördengänge die Verwalterpauschale sowie der Stundensatz angegeben wird.

Die restlichen Konditionen können auch zu einem späteren Zeitpunkt individuell im Verwaltervertrag ausgehandelt werden. Es ist sehr zu empfehlen, die Modalitäten des Verwaltervertrags ebenso im Rahmen der Versammlung zu besprechen und entsprechend zu protokollieren. Normalerweise sollten Sie vor der Verwalterwahl bereits einen Vertragsentwurf in Händen haben. Die Beglaubigung des Versammlungsprotokolls wird Ihr neuer Hausverwalter bei Bedarf in die Wege leiten.

Wenn nicht alle Punkte des Verwaltervertrags im Rahmen der Versammlung vereinbart werden können, was meist der Fall sein wird, sollten Sie einige Personen aus dem Kreise der Wohnungseigentümer mit der Unterzeichnung des Verwaltervertrags stellvertretend für die Eigentümer betrauen. Für diese Aufgabe bietet sich der Verwaltungsbeirat an und diese Vorgehensweise ist gerade bei größeren Wohnungseigentümergemeinschaften sinnvoll. Bitte vergessen Sie nicht, während der Versammlung im Rahmen der Verwalterwahl separat darüber abzustimmen und die betreffenden Personen im Protokoll namentlich zu erwähnen. Bitte protokollieren Sie auch gegebenenfalls die Aussagen des „Gewinners“ zu den letzten Fragen, falls Sie dazu noch keine schriftlichen Unterlagen in Händen haben.

Wenn die Verwalterwahl erfolgt ist, bleibt noch zu tun, allen anderen Bewerbern nun definitiv abzusagen. Hierbei spielt es keine Rolle, nach welcher Stufe Sie von den Unternehmen Abstand genommen haben. Jeder Hausverwalter hat Zeit und auch Kosten in die Bewerbung investiert und es gehört von Seiten der Eigentümer zum guten Ton, diesen Firmen ein kurzes telefonisches Feedback zu geben. Mit großer Wahrscheinlichkeit werden die Verwalter wissen wollen, warum sie nicht zum Zug gekommen sind und sind Ihnen um eine ehrliche Auskunft dankbar.

9. Tipps zur Vertragsgestaltung

Wir empfehlen dringend, Verwalterverträge stets schriftlich zu fixieren. Dieser Ratgeber möchte Ihnen in Kürze nur die wichtigsten Punkte aufzeigen, auf die unbedingt besonders geachtet werden sollte.

9.1 Aufbau und Inhalt eines Verwaltervertrags

Sie können sich dazu weitgehend an den im Fachhandel erhältlichen Vertragsvordrucken orientieren. Ein solcher Vertrag ist schnell ausgefüllt, aber hier entscheiden oft die eingefügten Details. Die Vertragsgestaltung ist nicht gesetzlich vorgeschrieben, jedoch hat ein Verwaltervertrag für Wohnungseigentumsanlagen nur im Zusammenhang mit dem jeweiligen Beschlussprotokoll über die Verwalterbestellung Gültigkeit.

Bitte beachten Sie, dass in jedem Verwaltervertrag, egal ob für Wohnungseigentümergemeinschaften oder Mietshäuser, die Höhe der Vermögensschadenhaftpflichtversicherung des Verwalters Vertragsbestandteil ist. Zur Sicherheit können Sie sich die Police auch zeigen lassen.

9.1.1 Vertragsinhalte für Wohnungseigentumsanlagen

Als Einleitung befinden sich auf solchen Verträgen meist Hinweise auf den § 20 WEG, nach dem die Bestellung eines Verwalters nicht ausgeschlossen werden kann, sowie Erläuterungen zur Verwaltung fremden Vermögens und die Erbringung der Dienstleistung der Verwaltertätigkeit. Danach folgt ein freies Feld, in das die entsprechende Wohnanlage eingetragen werden sollte. Etliche Vertragsmuster sind so aufgebaut, dass angegeben werden sollte, ob die Verwalterbestellung durch einen Beschluss der Wohnungseigentümer oder durch Eintrag in die Teilungserklärung zustande gekommen ist.

Im Anschluss daran werden die festgelegte Vertragslaufzeit und gegebenenfalls die Verlängerungsklausel eingetragen. Bitte achten Sie darauf, etwaige darauf folgenden Klauseln zu streichen, die eine automatische Anpassung des Verwalterentgelts zur Folge haben, z. B. durch Indexklauseln. Halten Sie im Verwaltervertrag fest, dass der Verwalter bei einer Preissteigerung stets einen Mehrheitsbeschluss fassen lassen muss. In der Praxis bedeutet dies, dass der Verwalter für die Eigentümerversammlung einen entsprechenden Tagesordnungspunkt ansetzt und dass Sie als Wohnungseigentümer somit eine bessere Transparenz über die Preisgestaltung erhalten.

Passen Sie auch bei der Definierung einer eventuellen Verlängerungsklausel auf. Hier ist wichtig, wie die Wohnungseigentümergemeinschaft den Vertrag mit dem Unternehmen wieder kündigen kann, z. B. nur durch Mehrheitsbeschluss, Unterschriftensammlungen (mit Angabe eines Prozentsatzes der Köpfe oder Miteigentumsanteile) oder sonstiges.

Die meisten Verträge beinhalten die regulären und besonderen Verwaltertätigkeiten in zwei unterschiedlichen Paragrafen, was sehr sinnvoll ist. Für die regulären Verwaltertätigkeiten erhält das Unternehmen die vereinbarte Pauschale und für die besonderen Tätigkeiten, die einzeln aufgeführt sein sollten, einen im Vertrag fixierten Stundensatz. Bei den regulären Verwaltertätigkeiten können Sie dem Verwalter einen „Freibetrag“ für Instandhaltungsmaßnahmen gewähren, in dessen Rahmen keine Eigentümerbeschlüsse nötig sind. Setzen Sie hier den Rahmen nicht zu niedrig an und berücksichtigen Sie bitte die Größe Ihrer Wohnanlage. Größere Wohnanlagen benötigen selbstverständlich einen höheren Freibetrag als kleinere. Ist diese Grenze zu niedrig, läuft die Verwaltungsarbeit Gefahr, in Bürokratie auszuarten.

Ferner können Sie den Betrag bestimmen, in welcher Höhe das Girokonto der Wohnanlage vom Verwalter kurzzeitig überzogen werden kann. Generell sind Verwalterkonten als Pluskonten zu führen, jedoch können immer wieder einmal Zahlungsspitzen entstehen, z. B. bei Einkauf einer größeren Menge Heizöl auf Vorrat oder säumigen Hausgeldzahlern, die das Überziehen des Kontos unumgänglich machen. Achten Sie auch hier auf die Größe Ihrer Wohnanlage.

Am besten, Sie lassen sich für diese beiden Beträge Vorschläge Ihres neuen Verwalters unterbreiten und stimmen im kleinen Kreis darüber ab.

Achten Sie auch darauf, welche Preise im Verwaltervertrag für Kopien und den Versand von Unterlagen festgehalten sind. Diese sind bindend; bitte passen Sie auch auf die Formulierung auf. Diese sollte besagen, dass das Verwaltungsunternehmen diese Kosten auch begründen muss, was bedeutet, dass das Unternehmen einen entsprechenden Nachweis führen muss. Dies wahrt die erforderliche Transparenz.

Falls in dem Ihnen vorgelegten Vertragsvordruck keine Klausel darüber enthalten ist, dass Ihr Verwalter im Falle einer Kündigung, unabhängig davon, ob diese durch ihn selbst oder durch die Eigentümergemeinschaft erfolgt, die Jahresabrechnung für das vergangene Jahr zu erstellen hat, setzen Sie diese Klausel bitte ein. Hier bieten sich die §§ „Beendigung des Verwaltervertrags“ oder „Sonstige Vereinbarungen“ an. Ferner sollte Ihr Vertrag beinhalten, dass dieser vorzeitig aus wichtigem Grund gekündigt werden kann.

Außerdem sollte unbedingt die Höhe der Vermögensschadenhaftpflichtversicherung des Verwalters an der entsprechenden Stelle im Vertrag fixiert werden.

9.1.2 Vertragsinhalte für Mietshäuser

Die Verträge für Mietverwaltungen orientieren sich am Leistungspaket, welches das Unternehmen für Sie ausführen soll. Dieses sollte möglichst genau definiert werden. Dazu empfiehlt es sich, die Aufgaben des Hausverwalters einzeln im Vertrag aufzuzählen. Dies beginnt im Falle einer kompletten Mietverwaltung bei der Kaufmännischen Verwaltung, zu der die Position Mietverhältnisse (z. B. Abschluss und Kündigung von Mietverträgen), der Zahlungsverkehr, Behördenverkehr, Versicherungen, die Einstellung oder Entlassung von Hilfskräften und die Buchhaltung gehören, bis hin zur Ansammlung von Instandhaltungsrücklagen.

Auch die technische Überwachung des Gebäudes obliegt dem Hausverwalter. Dazu zählt die Überwachung des baulichen Zustandes, die Vergabe und Überwachung von Reparaturen mit evtl. Auswahl der entsprechenden Fachfirmen, der Abschluss von Wartungsverträgen sowie die Planung von Instandhaltungs- und Instandsetzungsmaßnahmen.

Wenn Sie als Hauseigentümer vor der Ausführung bestimmter Verwaltungsaufgaben zustimmen möchten, sollten Sie diese Tätigkeiten im Vertrag genau aufführen. Genauso verhält es sich mit eventuellen Aufgaben, die gegen eine gesonderte Gebühr ausgeführt werden sollen. Dazu können beispielsweise Wirtschaftlichkeitsberechnungen oder die Ausführung behördlicher Auflagen zählen.

Selbstverständlich sollte die Verwaltergebühr im Vertrag aufgeführt werden, sei es nun je nach Vereinbarung als Pauschale oder Prozentsatz der Brutto- oder Nettojahresmiete.

Im Mietverwaltungsvertrag ist es – anders als beim Verwaltervertrag über Wohnungseigentümergemeinschaften – erforderlich, das Einrichten eines Verwalterkontos aufzuführen, da in einem solchen Fall der Abschluss eines Verwaltervertrags von den Kreditinstituten nicht automatisch zur Kontoeröffnung akzeptiert wird, da kein Beschlussprotokoll wie bei Wohnungseigentümergemeinschaften vorliegt. Denken Sie bitte auch daran, die Vertragslaufzeit genau zu regeln. Abschließend muss dem Unternehmen zur Wahrnehmung der Pflichten eine Hausverwaltervollmacht ausgestellt werden.

10. Laufende Kontrollmöglichkeiten

10.1 Möglichkeiten zum Einblick in die laufende Verwaltertätigkeit

Generell haben Sie als Mitglied einer Eigentümergemeinschaft oder als Mietshauseigentümer das Recht, sich nach Terminvereinbarung in den Geschäftsräumen der Hausverwaltung die Unterlagen der Wohnanlage anzusehen. Wenn eine Person aus Ihrer Eigentümergemeinschaft eine solche Kontrolle hin und wieder durchführt, erhalten Sie einen Überblick über die Arbeitsweise des Unternehmens. Sind die Unterlagen übersichtlich sortiert? Ist alles Wichtige schnell griffbereit (z. B. Versicherungspolicen, Teilungserklärung, Versammlungsprotokolle, Beschluss-Sammlung, Hausordnung, Rücklagensparbuch)? Wie verfährt die Hausverwaltung beispielsweise bei Rechtsstreitigkeiten? Sie können jederzeit Einsicht in die Korrespondenz und in die Bankunterlagen verlangen.

Gegen Vorlage des Personalausweises können Sie bei dem kontoführenden Kreditinstitut stichprobenartig die Kontostände des Girokontos sowie der Rücklagenkonten erfragen. Vorteil dieser Methode ist es, dass der Hausverwalter in den meisten Fällen nichts von dieser Art der Kontrolle erfährt. Klicken Sie auch hin und wieder die Internetseite des Verwaltungsunternehmens für neueste Informationen an. Trotz einiger Kontrollmöglichkeiten ist die Verwaltungsarbeit zu einem großen Teil Vertrauenssache. Es werden manchmal Fälle über unseriöse Unternehmen publik, die Instandhaltungsrücklagen veruntreut oder sich einer sonstigen Verfehlung mutwillig schuldig gemacht haben. Die in diesem Buch aufgeführten Tipps sollen Sie davor schützen, auf ein solches Unternehmen „hereinzufallen“. Trotzdem kann sich auch bei sorgfältigster vorheriger Überprüfung und Wahrnehmung der laufenden Kontrollmöglichkeiten ein „schwarzes Schaf“ durchsetzen oder auch ein Verwalter, der später einmal in finanzielle Not gerät und unüberlegt handelt. Eine einhundertprozentige Vorbeugung gibt es leider nicht.

10.2 Der Verwaltungsbeirat und seine Funktion

Der Verwaltungsbeirat ist eine Gruppe aus den Reihen der Wohnungseigentümer, der die Aufgabe hat, den Verwalter bei der Durchführung seiner Aufgaben zu unterstützen. Bei kleineren Eigentümergemeinschaften besteht der Beirat oft aus nur einer Person. Ganz nebenbei hat der Verwaltungsbeirat durch seine ehrenamtliche Mitarbeit die Möglichkeit, die Verwaltungsarbeit etwas im Auge zu behalten.

§ 29 WEG befasst sich mit dem Verwaltungsbeirat, ist jedoch dispositiv, was bedeutet, dass ein Verwaltungsbeirat nicht zwingend erforderlich ist. Wenn sich unter Ihnen interessierte Personen befinden und noch kein Verwaltungsbeirat besteht, sollten Sie über eine Gründung nachdenken. Verwaltungsbeiräte arbeiten in aller Regel ehrenamtlich.

Hauptsächlich besteht die Aufgabe des Beirats darin, die Belege des Verwalters bei Rechnungslegung zu überprüfen, also eine „Belegprüfung" durchzuführen, die meistens aus dem stichprobenartigen Sichten der Belege der Eigentümergemeinschaft besteht und sehr sinnvoll ist. Ferner wird der Verwaltungsbeirat herangezogen, wenn es um das Unterzeichnen der Versammlungsprotokolle geht. Die weitere Mitarbeit richtet sich ganz nach dem Interesse und dem Zeitaufwand der zuständigen Personen. Idealerweise funktioniert der Beirat als eine Art Bindeglied zwischen der Hausverwaltung und den restlichen Eigentümern.

Meistens werden die Mitglieder des Verwaltungsbeirats von den weiteren Eigentümern mit der Suche nach einer neuen Hausverwaltung oder Ähnlichem beauftragt. Wenn Sie sich für ein Amt im Verwaltungsbeirat interessieren, sollten Sie sich einen Überblick über die gesetzlichen Vorschriften verschaffen, denen eine Wohnungseigentümergemeinschaft unterliegt. Als Einführung dazu kann das Kapitel zwei dieses Buches dienen. Oft ist auch der Verwalter gerne bereit, interessierte Personen entsprechend einzuweisen.

11. Ergänzungen

11.1 Liste der zwingenden Paragrafen des WEG

Folgende Aufstellung der Paragrafen aus dem WEG erleichtert Ihnen die Zuordnung zum dispositiven oder zwingenden Recht. Folgende Gesetzestexte sind zwingend:

§ 1	Begriffsbestimmungen
§ 2	Arten der Begründung
§ 3	Vertragliche Einräumung von Sondereigentum
§ 4	Formvorschriften
§ 5 Abs. 2	Gegenstand und Inhalt des Sondereigentums
§ 6	Unselbständigkeit des Sondereigentums
§ 8	Teilung durch den Eigentümer
§ 10	Allgemeine Grundsätze
§ 11	Unauflöslichkeit der Gemeinschaft
§ 12 Abs. 2	Veräußerungsbeschränkung
§ 13	Rechte des Wohnungseigentümers
§ 16 Abs. 3 u. 4	Nutzungen, Lasten und Kosten
§ 18 Abs. 1	Entziehung des Wohnungseigentums
§ 20 Abs. 2	Gliederung der Verwaltung
§ 21 Abs. 4	Verwaltung durch die Wohnungseigentümer
§ 22 Abs. 1	Besondere Aufwendungen, Wiederaufbau
§ 23 Abs. 3 u. 4	Wohnungseigentümerversammlung
§ 24 Abs. 2	Einberufung, Vorsitz, Niederschrift
§ 26	Bestellung und Abberufung des Verwalters
§ 27 Abs. 1, 2 u. 3	Aufgaben und Befugnisse des Verwalters
§ 27 Abs. 5 Satz 1	Aufgaben und Befugnisse des Verwalters
§§ 43 ff.	Verfahrensvorschriften
§§ 53 ff.	Verfahren bei der Versteigerung des Wohnungseigentums

Die Aufstellung erhebt keinen Anspruch auf Richtigkeit und Vollständigkeit. Hinweis: Der Text zu den Paragrafen ist die jeweilige Überschrift des Paragrafen aus dem Gesetz.

11.2 Aufstellung der Verwalterunterlagen

Möglicherweise vereinbaren bei Wohnungseigentümergemeinschaften Ihr bisheriges Verwaltungsunternehmen und Ihr neu bestellter Hausverwalter die Übergabe der Unterlagen. Ebenso üblich ist die Mithilfe der Wohnungseigentümer oder des Verwaltungsbeirats bei der Unterlagenübergabe. Die Verwalterunterlagen sind normalerweise eine Holschuld des neuen Verwalters und/oder der Eigentümergemeinschaft. Deshalb werden die Unterlagen meistens im Büro des bisherigen Hausverwalters zu üblichen Geschäftszeiten übergeben.

Im Bedarfsfalle können Sie anhand der folgenden Aufstellung die Unterlagen auf Vollständigkeit überprüfen. Bitte kennzeichnen Sie, ob die Unterlagen übergeben wurden und vergessen Sie die Unterschriften nicht!

Übergabeprotokoll

Übergeben werden Unterlagen betreffend der Wohnungseigentümeranlage:

Name und Anschrift des bisherigen Verwalters:

____

Name und Anschrift des neuen Verwalters:

____

Bei der Übergabe waren folgende Personen anwesend:

für den vorherigen Verwalter: ___________________________

für den neuen Verwalter: ______________________________

für die Eigentümergemeinschaft: _________________________

für den Verwaltungsbeirat: ______________________________

Verwalterunterlagen ja/nein

a) Mitglieder der Wohnungseigentümergemeinschaft
- Eigentümerliste mit Namen und Anschrift, Miteigentumsanteilen und Datum
- Eigentümerakten

b) Gründungsunterlagen
- Teilungserklärung und Gemeinschaftsordnung
- Aufteilungsplan
- ggf. Pläne und Baubeschreibung
- ggf. Elektro-, Kanal- und Antennenpläne etc.
- ggf. Statikpläne

c) Versammlungen
- Einladungen und Tagesordnungspunkte
- Protokolle
- Beschluss-Sammlung

d) Prozesse (falls vorhanden)
- Prozessunterlagen und Schriftverkehr
- Urteile und Beschlüsse

e) Verträge
- Lieferverträge mit Unterlagen
- Versicherungspolicen
- Handwerkerverträge (z. B. Wartungsverträge)
- Anstellungsverträge
- Dienstleistungsverträge

f) Abrechnungsunterlagen
- Jahresabrechnungen

- Einzelabrechnungen
- Wirtschaftspläne
- Liste der Wohngeldrückstände
- Mieterwechselanzeigen

g) Buchhaltungsunterlagen
- Kontoauszüge
- Rechnungen und Belege
- Buchungslisten
- Kopien der Daueraufträge
- Einzugsermächtigungen

h) Schlüssel
- Schlüssel mit Zuordnung
- Schließpläne nebst Sicherungskarten

i) Wohnanlage
- Begehungsprotokolle
- Prüfnachweise für Aufzüge, Feuerlöscher, Hebeanlagen, Lüftungsanlagen, Feuermelder und Sonstiges

k) Inventar
- Gerätelisten vom Hausmeister
- ggf. Schrank mit weiteren Verwalterunterlagen und Sonstiges

Unterschrift Vorverwalter

____

Unterschrift neuer Verwalter

____

11.3 Verwalter- und Immobilienfachverbände in Deutschland
Die folgende Aufstellung erhebt keinen Anspruch auf Vollständigkeit und wurde ohne Wertung durch die Verfasser zusammengestellt. Die Verwalterfachverbände werden in alphabetischer Reihenfolge – zunächst die Bundesverbände (in Fettdruck) gefolgt von den zugehörigen Landesverbänden – aufgelistet. Eventuelle Bezirksverbände können den Internetseiten entnommen werden.

Kontaktadresse des Bundes der Wohnungs- und Grundstückeigentümer e. V.:

Bund der Wohnungs- und Grundeigentümer e. V.
Dachauer Str. 31
80335 München
Telefon: (0 89) 59 79 37
Telefax: (0 89) 59 79 38
info@bwe-online.de
www.bwe-online.de

Der Bund der Wohnungs- und Grundeigentümer e. V. verfügt bundesweit über 29 Kreisverbände; die einzelnen Kontaktadressen erhalten Sie im Internet:
www.bwe-online.de/bund/geschaeftsstellen.html

Der Bayerische Wohnungs- und Grundeigentümerverband (Adresse siehe Bund) verfügt in Bayern über 52 Geschäftsstellen; die einzelnen Kontaktadressen erhalten Sie im Internet:
www.bwe-online.de/bayern/geschaeftsstellen.html

Bundesverband Freier Immobilien- und Wohnungsunternehmen e. V.
Kurfürstendamm 57
10707 Berlin
Telefon: (0 30) 3 27 81 – 0
Telefax: (0 30) 3 27 81 – 299
office@bfw-bund.de
www.bfw-bund.de

Landesverbände des Bundesverbands Freier Immobilen- und Wohnungsunternehmen e. V.

Landesverband Freier Immobilien- und Wohnungsunternehmen Sachsen/Sachsen-Anhalt/Thüringen e. V.
Niedersedlitzer Platz 7
01259 Dresden
Telefon: (03 51) 2 07 40 – 39
Telefax: (03 51) 2 07 40 – 49
info@bfw-md.de
www.bfw-md.de

Landesverband Freier Immobilien- und Wohnungsunternehmen Berlin/Brandenburg e. V.
Kurfürstenstr. 84
10787 Berlin
Telefon: (0 30) 23 09 58 – 0
Telefax: (0 30) 23 09 58 – 30
LFW-BB@t-online.de
www.lfwberlin.de

Landesverband Freier Immobilien- und Wohnungsunternehmen Hamburg/Schleswig-Holstein/Mecklenburg-Vorpommern
www.bfw-hh-sh-mvp.de

Landesverband Freier Immobilien- und Wohnungsunternehmen Niedersachsen/Bremen e. V.
Am Holzgraben 1
30161 Hannover
Telefon: (05 11) 31 09 – 2 68
Telefax: (05 11) 31 09- 3 32
plattner@lfw-nb.de
www.lfw-niedersachsen.de

Landesverband Freier Immobilien- und Wohnungsunternehmen Nordrhein-Westfalen e. V.
Poppelsdorfer Allee 82
53115 Bonn
Telefon: (02 28) 65 91 92
Telefax: (02 28) 69 30 17
info@bfw-nrw.de
www.bfw-nrw.de

Landesverband Freier Immobilien- und Wohnungsunternehmen Hessen/Rheinland-Pfalz/Saarland e. V.
Kirchbergstr. 7b
76889 Gleiszellen
Telefon: (0 63 43) 10 31
Telefax: (0 63 43) 76 25
info@lfw-h-rp-s.de
www.lfw-h-rp-s.de

Landesverband Freier Immobilien- und Wohnungsunternehmen Baden-Württemberg e. V.
Kronenstr. 51
70174 Stuttgart
Telefon: (07 11) 8 70 99 73
Telefax: (07 11) 8 70 99 74
info@lfw.de
lfw-bw.de

Landesverband Freier Immobilien- und Wohnungsunternehmen Bayern e. V.
Kapuzinerplatz 2
80337 München
Telefon: (0 89) 7 46 04 36
Telefax: (0 89) 7 21 11 01
info@lfw-bayern.de
www.lfw-bayern.de

Dachverband Deutscher Immobilienverwalter e. V. (DDIV)
Mohrenstr. 33
10117 Berlin
Telefon: (0 30) 3 00 96 79-0
Telefax: (0 30) 3 00 96 79-21
www.immobilienverwalter.de

Mitgliedsverbände des Dachverbands Deutscher Immobilienverwalter e.V.:

Verband der Immobilienverwalter Bayern e. V.
Viktor-Scheffel-Str. 11
80803 München
Telefon: (0 89) 55 39 16
Telefax: (0 89) 5 50 12 07
info@immobilienverwalter-bayern.de
www.immobilienverwalter-bayern.de

Verband der Immobilienverwalter Baden-Württemberg e. V.
Berliner Str. 19
74321 Bietigheim-Bissingen
Telefon: (0 71 42) 76-2 96
Telefax: (0 71 42) 76-2 97
info@vdiv.de
www.vdiv.de

Verband der Immobilienverwalter Hessen e. V.
Kasteler Str. 16
65474 Bischofsheim
Telefon: (07 00) 20 05 00 30
Telefax: (07 00) 20 05 00 40

Verband der nordrhein-westfälischen Immobilienverwalter e. V.
Geschäftsstelle Rheinland
Vaalser Str. 148
52974 Aachen
Telefon: (02 41) 8 90 12 00
Telefax: (02 41) 8 90 12 01
www.immobilienverwalter-nrw.de

Verband der Immobilienverwalter Schleswig-Holstein/Hamburg/ Mecklenburg-Vorpommern e. V.
Düppelstr. 71
24105 Kiel
Telefon: (04 31) 8 47 57
Telefax: (04 31) 8 47 25
info@immoverwalter.org
www.immoverwalter.org

Verband der Immobilienverwalter Sachsen e. V.
Zschopauer Str. 216
09126 Chemnitz
Telefon: (03 71) 5 35 38 00
Telefax: (03 71) 5 35 38 88
www.immobilienverwalter-sachsen.de

Verband der Immobilienverwalter Sachsen-Anhalt e. V.
Frauentorplatz 2
39261 Zerbst
Telefon: (0 39 23) 78 04 93
Telefax: (0 39 23) 78 84 83
info@immobilienverwalter-sachsen-anhalt.de
www.immobilienverwalter-sachsen-anhalt.de

Verband der Immobilienverwalter Berlin-Brandenburg e. V.
Holländer Str. 131
13407 Berlin
Telefon: (0 30) 8 84 69 30
Telefax: (0 30) 4 92 66 44
info@vdiv-Berlin-Brandenburg.de
www.vdiv-Berlin-Brandenburg.de

Verband der Immobilienverwalter Thüringen e. V.
Löbdergraben 28
07743 Jena
Telefax: (0 36 41) 23 11-66
Telefax: (0 36 41) 23 11 67
info@immobilienverwalter-thueringen.de
www.immobilienverwalter-thueringen.de

Verband der Immobilienverwalter Rheinland-Pfalz/Saarland e. V.
c/o Seibert Immobilienmanagement GmbH
Robert-Bosch-Str. 6
67287 Kirchheimbolanden
Telefon: (0 63 52) 75 39 34
Telefax: (0 63 52) 75 39 35
office@vdiv-rps.de
www.vdiv-rps.de

Verband der Immobilienverwalter Niedersachsen/Bremen e. V.
Nienburger Str. 20
31535 Neustadt
Telefon: (0 50 32) 6 46 90
Telefax: (0 50 32) 6 47 07
Info@vdiv-nds-bremen.de

Immobilienverband Deutschland (IVD)
Bundesverband der Immobilienberater, Makler, Verwalter und Sachverständigen e. V.
Littenstr. 10
10179 Berlin
Telefon: (0 30) 27 57 26 – 0
Telefax: (0 30) 27 57 26 – 49
info@ivd.net
www.ivd.net

Immobilienverband Deutschland (IVD) - Nord
Colonnaden 29 / Büschstr. 12
20354 Hamburg
Telefon: (0 40) 35 75 99 – 0
Telefax: (0 40) 34 58 95
info@ivd-nord.de
www.ivd-nord.de

Immobilienverband Deutschland (IVD) – Süd
Geschäftsstelle Bayern
Gabelsbergerstr. 36
80333 München
Telefon: (0 89) 29 08 20 – 0
Telefax: (0 89) 22 66 23
info@ivd-sued.net
www.ivd-sued.net

Immobilienverband Deutschland (IVD) – Süd
Geschäftsstelle Baden-Württemberg
Calwer Str. 11
70173 Stuttgart
Telefon: (07 11) 81 47 38 – 0
Telefax: (07 11) 81 47 38 – 28
info@ivd-sued-bw.net
www.ivd-sued-bw.net

Immobilienverband Deutschland (IVD) – West
Emmichplatz 3
30175 Hannover
Telefon: (05 11) 26 18 48 – 0
Telefax: (05 11) 26 18 48 – 20
info@ivd-nord-west.net
www.ivd-nord-west.net

Immobilienverband Deutschland (IVD) – Mitte
Zeil 105
60313 Frankfurt
Telefon: (0 69) 28 28 23
Telefax: (0 69) 28 09 79
info@ivd-mitte.de
www.ivd-mitte.de

Immobilienverband Deutschland (IVD) – Berlin-Brandenburg
Kurfürstendamm 102
10711 Berlin
Telefon: (0 30) 89 73 53 64
Telefax: (0 30) 89 73 53 68
info@ivd-berlin-brandenburg.de
www.ivd-berlin-brandenburg.de

Immobilienverband Deutschland (IVD) – Schleswig Holstein
Niederstr. 4
24217 Schönberg
Telefon: (0 43 44) 21 31
Telefax: (0 43 44) 22 52
info@ivd-sh.net
www.ivd-sh.net

Immobilienverband Deutschland (IVD) – West
Hohenstaufenring 72 / Postfach 27 05 79
50674 Köln
50674 Köln
Telefon: (02 21) 95 14 97 – 0
Telefax: (02 21) 95 14 97 – 9
info@ivd-west.net
www.ivd-west.net

Immobilienverband Deutschland (IVD) – Ost
Berhastr. 2
04357 Leipzig
Telefon: (03 41) 6 01 94 95
Telefax: (03 41) 6 02 08 31
ivd.mitte_ost@ivd.net
www.ivd-mitte-ost.net

11.4 Nützliche Internetseiten

Hier können Sie das Wohnungseigentumsgesetz einsehen:
http://dejure.org

An dieser Stelle finden Sie ein Diskussionsforum für alle Fragen rund um die Immobilie und die Hausverwaltung:
www.forum-immobilienfragen.de

12. Glossar

Abberufung
Dies ist der rechtlich korrekte Begriff für die Abwahl eines amtierenden Hausverwalters.

Abgeschlossenheitsbescheinigung und Aufteilungsplan
Aufteilungsplan und Abgeschlossenheitsbescheinigung weisen vor Erstellung der Teilungserklärung nach, dass das sämtliche Teileigentum in sich abgeschlossen und somit „teilfähig“ ist.

Beschlusskompetenz
Ein Eigentümerbeschluss kann nichtig oder unwirksam sein wenn sich herausstellt, dass die Wohnungseigentümer über dieses Thema hätten nicht abstimmen dürfen, sie also keine Beschlusskompetenz zur Abstimmung hatten.

Beweissicherungsverfahren
Werden an einem Wohnhaus Baumängel festgestellt und der Bauträger weigert sich, diese nachzubessern oder bessert diese nur mangelhaft nach, muss gegebenenfalls ein gerichtliches Verfahren eingeleitet werden, welches Beweissicherungsverfahren genannt wird.

Dispositives Recht
Variables Recht durch Teilungserklärung, Gemeinschaftsordnung und Beschlüsse

Entziehung des Wohnungseigentums
Werden die Wohnungseigentümer durch die Nutzung einer Wohnung in einem nicht mehr zumutbaren Maße beeinträchtigt, kann gem. § 18 WEG ein Gerichtsverfahren angestrengt werden, welches den jeweiligen Eigentümer zum Verkauf der Wohnung zwingt.

Gemeinschaftsordnung
siehe Teilungserklärung und Gemeinschaftsordnung
Grundpfandgläubiger
Der Grundpfandgläubiger ist meist das Kreditinstitut oder die Bausparkasse, durch die die Immobilie finanziert wurde.

Hausgeldabrechnung
Diese Abrechnung für Wohnungseigentümer ist eine Einnahmen-Überschussrechnung, die von der Hausverwaltung nach den tatsächlich angefallenen Einnahmen und Kosten im Geldflussprinzip angefertigt wird. Sie enthält auf den Mieter umlegbare und nicht umlegbare Kosten sowie die Rücklagenentwicklung (siehe Instandhaltungsrücklage).

Hausordnung
Dies ist eine Verhaltensregel für Hausbewohner; sie kann jederzeit per Mehrheitsbeschluss angepasst werden.

Heizkostenverteilerschlüssel
Dieser ist meistens in der Gemeinschaftsordnung fixiert und regelt die Aufteilung der Heizungs- und Wasserkosten nach dem Anteil des tatsächliches Verbrauchs pro Einheit und den Grundkosten, z. B. Aufteilung im Verhältnis zu 30 % nach Grundkosten und zu 70 % nach Verbrauch.

Instandhaltung, Instandsetzung und Modernisierung
Instandhaltung ist die Erhaltung der Gebäudeteile im derzeitigen Zustand. Instandsetzungen sind Reparaturen, die oftmals mit Modernisierungsmaßnahmen einher gehen. Beispiel: Streichen von Fenstern ist Instandhaltung, Austausch der Fenster in gleichwertige ist Instandsetzung und Austausch in höherwertiges Glas etc. zählt zur Modernisierung.

Instandhaltungsrücklage
Rücklage einer Wohnungseigentümergemeinschaft für die Finanzie-

rung von größeren Instandsetzungsmaßnahmen, die zu einem späteren Zeitpunkt notwendig werden. Zur ordnungsgemäßen Verwaltung gemäß Wohnungseigentumsgesetz gehört die Ansammlung einer angemessenen Instandhaltungsrücklage.

Mieterabrechnung
siehe Nebenkostenabrechnung

Miteigentumsanteil / Tausendstel
Wohnungseigentum ist Miteigentum am gemeinschaftlichen Grundstück verbunden mit dem Sondereigentum an einer Wohnung. Diese Verbindung ist nach § 6 WEG nicht zu trennen. Aus dem Miteigentum bildet sich der Miteigentumsanteil, nach dem viele Kosten aufgeteilt werden.

Nebenkostenabrechnung
Diese Abrechnung erhält der Mieter vom Wohnungseigentümer. Sie enthält lediglich die im Mietvertrag vereinbarten, umlegbaren Nebenkosten einer Abrechnungsperiode.

Sonder- und Gemeinschaftseigentum
Sondereigentum sind die im Kaufvertrag ausgewiesenen Anteile, z. B. eine bestimmte Wohnung. Das Gemeinschaftseigentum besteht aus allen gemeinschaftlichen Anlagen, z. B. Treppenhäuser und Gartenanlagen, sowie alle zum Betreiben der Wohnanlage nötigen technischen Einrichtungen, z. B. Heizung.

Sondernutzungsrecht
Sondernutzungsrecht sind die einem Eigentümer zugewiesenen Flächen zur alleinigen Nutzung und unterscheiden sich vom Sondereigentum dergestalt, dass sie rechtlich zum Gemeinschaftseigentum gehören, praktisch aber wie Sondereigentum behandelt werden. Der Unterschied besteht darin, dass es für Sondereigentum ein Grundbuchblatt Voraussetzung ist und für das Sondernutzungsrecht eine Vereinbarung ausreicht (Teilungserklärung).

Teilungserklärung und Gemeinschaftsordnung
Steht auf einem einzelnen Grundstück eine Wohnhaus mit mehreren Eigentumswohnungen, muss das ursprüngliche Grundbuch für das Grundstück in mehrere einzelne Grundbücher für jede Wohneinheit geteilt werden. Die Teilungserklärung bestimmt zusammen mit dem Teilungsplan neben dem Umfang des eigentlichen Wohnungseigentums, welche Nebenräume im Gebäude zu der Wohnung gehören, und schreibt die Rechte und Pflichten des jeweiligen Eigentümers ist der Gemeinschaftsordnung, die häufig ein Bestandteil der Teilungserklärung ist, fest.

Verlängerungsklausel
Dies ist ein Vereinbarung z. B. im Verwaltervertrag, die eine Verlängerung des Vertragsverhältnisses vorsieht, wenn dieser nicht innerhalb einer gewissen Frist gekündigt wird. Eine Verlängerungsklausel hat am Beispiel Verwaltervertrag nur maximal fünf Jahre Gültigkeit und muss dann durch Mehrheitsbeschluss neu bestätigt werden.

Verwalterbestellung
Wahl eines Hausverwalters per Mehrheitsbeschluss

Verwalterzustimmung
Dies ist eine in manchen Teilungserklärungen ausgewiesene zwingende notarielle Veräußerungszustimmung durch die Hausverwaltung, ohne diese das Grundbuch nicht geändert werden kann.

WEG (Wohnungseigentumsgesetz)
Dieses Gesetz ist ein sachenrechtliches Sondergesetz außerhalb des BGB, gehört systematisch aber zum 3. Buch des BGB (Sachenrecht), auf das es wiederholt verweist und ist deshalb in der Textsammlung unter „Gesetz über das Wohnungseigentum und das Dauerwohnrecht (Wohnungseigentumsgesetz)“ zu finden.

Wirtschaftsplan
Diese Aufstellung ist eine Vorausschau der voraussichtlich entstehenden Kosten einer Wohnungseigentümergemeinschaft und legt die monatliche Hausgeldzahlung an die Hausverwaltung fest.

Wohngeldabrechnung
siehe Hausgeldabrechnung

13. Die Verfasser

Petra Breitsameter, geboren 1972, ist seit 1993 in der Grundstücks- und Wohnungswirtschaft tätig. Ihre fachbezogene Ausbildung wurde durch einen nebenberuflichen Lehrgang zur Immobilienfachwirtin (IMI) weiter ausgebaut.

Christian Grolik, geboren 1972, ist seit 1992 im Bereich der Hausverwaltungen und Immobilien tätig und seit 1995 selbstständig. Neben seinen Qualifikationen Betriebswirt d. H. sowie Verbandsgeprüfter Bewerter (Sachverständiger) für bebaute und unbebaute Grundstücke (VDM) erlangte er durch ein nebenberufliches Studium den akademischen Grad Dipl.-Wirtschaftsjurist (FH), Fachrichtung Immobilienrecht.

Beide Verfasser nehmen darüber hinaus regelmäßig an verschiedenen fachbezogenen Fortbildungsveranstaltungen teil.

Kontakt: breitsameter-grolik@freenet.de

Medien-Information

Wie man als Vermieter seinen Vorteil wahrt: Immobilien *richtig* vermieten!

Bonn (of). Mittlerweile hat es sich bei den deutschen Haus- und Wohnungseigentümern herumgesprochen: Ihre Immobilien sind gegenüber anderen Anlagemöglichkeiten unschlagbar und zudem in den letzten 40 Jahren um einen dreistelligen Prozentsatz im Wert gestiegen. Doch wer heutzutage eine Immobilie nicht selber nutzen, sondern vermieten möchte, muss feststellen, dass dies zusehends risikoreicher wird: Immer öfter hört man von so genannten Mietnomaden, die sich unter Vorwänden in Immobilien einnisten und keine Miete bezahlen; darüber hinaus wirtschaften sie das Objekt herunter und fügen den Vermietern finanziellen Schaden zu.

In einer Zeit der stetig steigenden Zahlen von Arbeitslosen und Privatinsolvenzen scheut so mancher Haus- und Wohnungsbesitzer den Zeitpunkt, wo er seine Immobilie zur Vermietung anbieten muss: Mieter zu finden, zu denen sich die Beziehung harmonisch und ertragreich gestaltet, ist gar nicht so einfach. Stecken Vermieter ihre Wunschvorstellungen nämlich zu eng ab, sind viele Immobilien gar nicht mehr vermietbar, da in Deutschland vielerorts ein Mietermarkt herrscht, was bedeutet, dass das Angebot die Nachfrage zahlenmäßig übersteigt. Folge: Die Mietpreise tendieren in vielen Regionen nach unten.

Mit den Tipps der Profis sicher von der Vermietungsanzeige bis zum Mietvertrag

Was können Vermieter dagegen tun? Noch besser: Wie können Sie diese (und weitere) Risiken bereits von vornherein, bei der Mietersuche minimieren? Antworten liefert ein Ratgeber aus dem Bonner Fachverlag interna mit dem Titel „Immobilien richtig vermieten!". Die Autoren sind Petra Breitsameter und Christian Grolik, zwei Profis aus der Immobilien- und Hausverwaltungsbranche mit vielfältiger Praxiserfahrung – positiv wie negativ.

Sie kennen viele Wege, die zum Mieter führen. Sie sagen dem Leser, welche entscheidenden Fragen man Mietinteressenten stellen muss, um diejenigen herauszufinden, mit denen eine beidseitige und für den Vermieter ertragreiche Beziehung eingegangen werden kann. Und sie liefern eine Fülle von Praxisbeispielen von Musteranzeigen bis hin zu detaillierten Vorlagen für Nebenkostenabrechnungen – alles mit dem Ziel, dass der Vermieter seine guten Rechte sicher wahren kann.

Petra Breitsameter/Christian Grolik: Immobilien richtig vermieten!
Verlag interna GmbH, Auguststr. 1, 53229 Bonn
www.interna-aktuell.de
ISBN 978-3-937887-81-4, 136 Seiten, 20,90 Euro

Nachdruck honorarfrei. Über ein Belegexemplar an die obige Adresse freuen wir uns.

2648382R00067

Printed in Germany
by Amazon Distribution
GmbH, Leipzig